ERLÄUTERUNGEN UND DOKUMENTE

Georg Büchner

Dantons Tod

Von
Gerald Funk
nach der Historisch-kritischen
Marburger Ausgabe

Philipp Reclam jun. Stuttgart

Georg Büchners Drama *Dantons Tod* liegt unter Nr. 6060 in Reclams Universal-Bibliothek vor. Die Seiten- und Zeilenangaben im vorliegenden Band beziehen sich auf diese Ausgabe.

RECLAMS UNIVERSAL-BIBLIOTHEK Nr. 16034

Gesamtherstellung: Reclam, Ditzingen. Printed in Germany 2009

ISBN 978-3-15-016034-3

www.reclam.de

Inhalt

Vorbemerkung

Der vorliegende Band fußt in allen Teilen auf den Forschungsergebnissen der im Jahr 2000 innerhalb der Marburger Büchner-Ausgabe von Burghard Dedner und Thomas Michael Mayer erschienenen Edition des Dramas (MBA, vgl. Literaturverzeichnis, S. 196; *Dantons Tod*: Bd. III.1–III.4). Der Stellenkommentar wurde zum Teil wörtlich aus den unter Mitarbeit von Eva-Maria Vering und Werner Weiland verfassten Erläuterungen der Ausgabe (Bd. III.4) abgeleitet, allerdings den Anforderungen weniger spezialisierter Leser angepasst. Auf eine Erläuterung gängiger Fremdwörter wie »Teint«, »Physiognomie«, »Fragment« usw. wurde jedoch verzichtet, da sie über allgemeine Lexika leicht zu erschließen oder als bekannt vorauszusetzen sind.

Der Band vermittelt dagegen zeitgenössisches kulturelles und religiöses Wissen, das heute kaum mehr präsent und nur schwer zu ermitteln ist, Wissen über historische Ereignisse, Personen und Institutionen vor allem der Französischen Revolution sowie naturwissenschaftliche und medizinische Lehrmeinungen, die von heutigen Vorstellungen abweichen. Kommentiert werden zeitgenössisch übliche und mit besonderer Bedeutung versehene sprachliche Wendungen, Metaphern und Bilder sowie regionalsprachliche Besonderheiten. Zudem präsentiert der Band Hinweise auf Büchners Biographie, auf individualsprachliche Merkmale, auf Bibel- und Volksliedzitate sowie auf wichtige Parallelen in seinen anderen Schriften.

Wie später im *Woyzeck* und in der Erzählung *Lenz* hat Büchner bereits in seinem ersten Drama ein reales Geschehen mit Rückgriff auf historische und literarische Quellen verarbeitet, die sowohl im Zeilenkommentar angeführt als auch – um Einblick in seine Art der Quellenverarbeitung zu ermöglichen – in unterschiedlich langen Auszügen in den Kapiteln III und IV abgedruckt sind. Des weiteren bietet der Band Dokumente zur Entstehung und Poetik von *Dantons Tod* – hier ausschließlich Selbstzeugnisse Büchners – sowie Dokumente zur Wirkungsgeschichte aus der Feder meist bekannter Autoren, die deutlich machen, wie zeitbedingt die Stellungnahmen zu Büchners Drama zuweilen ausfallen, die zugleich aber vor Augen führen, welch große und dauerhafte Resonanz es bis heute gefunden hat. Es folgen ausführliche Literaturhinweise.

Es liegt auf der Hand, dass viele Informationen bei der Reduzierung von 1600 großformatigen Seiten der Marburger Ausgabe auf den Umfang des vorliegenden Bandes unberücksichtigt bleiben mussten. Daher sei für Details zur Entstehung, Überlieferung und Zensur der Druckvorlage ausdrücklich auf die Bände III.1 und III.2 dieser Edition (u. a. mit den Faksimiles der Handschrift, Büchners Eintragungen in zwei überlieferten Widmungsexemplaren der ersten Buchausgabe und den Varianten der Drucke) sowie auf den Editionsbericht hingewiesen, ebenso für den vollständigen Nachweis der Abhängigkeit des Dramentextes von seinen Quellen auf die Bände III.2 und III.3.

Ausdrücklich Dank gebührt Burghard Dedner, ohne dessen Unterstützung dieser Band nicht hätte erscheinen können. Die Einleitung sowie die einleitenden Abschnitte zu Kapitel III und IV sind in enger Zusammenarbeit mit ihm entstanden.

Einleitung

Seine eigene Auffassung von der Bedeutung der Französischen Revolution demonstrierte das Parlament in Paris sowohl dadurch, dass es die Zählung »nach Christi Geburt« abschaffte und die Zeitrechnung mit dem 22. September 1792 als dem Tag und Jahr I neu beginnen ließ, als auch dadurch, dass es die Siebentagewoche durch eine Zehntagewoche ersetzte. Nicht ganz so dezidiert, aber noch immer in menschheitsgeschichtlicher Perspektive interpretierte ein deutscher Beobachter wie Friedrich Schiller die Ereignisse, wenn er erklärte, das revolutionäre Paris von 1795 sei der »politische Schauplatz«, wo »das große Schicksal der Menschheit verhandelt wird«, und die Revolution ein »Rechtshandel«, der »[j]eden, der sich Mensch nennt, angeht« (*Ueber die ästhetische Erziehung des Menschen in einer Reihe von Briefen*, 2. Brief; Schiller XVIII,5 f.). Und noch vierzig Jahre später, als die Pariser Bevölkerung im Juli 1830 in einer viel kleineren Revolution einen König stürzte, ließ sich diese Revolution atmosphärisch-sinnlich bis ins ferne Helgoland spüren: »Der Himmel hängt voller Violinen und auch ich rieche es jetzt, die See duftet nach frischgebackenen Kuchen. Das ist ein beständiges Geigen da droben in himmelblauer Freudigkeit, und das klingt aus den smaragdenen Wellen wie heiteres Mädchengekicher.« So jedenfalls beschrieb Heinrich Heine diese Wirkung in seiner Denkschrift über *Ludwig Börne* (2. Buch; DHA XI,50).
Prosaischere, aber dennoch überall wahrnehmbare Spuren hatte die Revolution auch im Lebensumkreis des Darmstädter Verfassers von *Dantons Tod* hinterlassen. Büchners Großvater mütterlicherseits, ein Hofbeamter des damaligen Landgrafen von Hessen, war von den Revolutionären im Gebiet um Pirmasens/Landau vorübergehend festgenommen worden und musste nach dieser teils selbstver-

schuldeten Festnahme einen deutlichen Knick in seiner beruflichen Laufbahn hinnehmen. Büchners Vater hatte seine berufsbildenden Erfahrungen als Arzt in der napoleonischen Armee, einer Folgeerscheinung der Französischen Revolution, gesammelt und blieb zeitlebens ein Anhänger Napoleons. Auch das Großherzogtum Hessen-Darmstadt, wo Büchner bis zum Ende seiner Schulzeit 1831 und dann noch einmal vom Sommer 1833 bis zu seiner Flucht Anfang März 1835, also auch während der Abfassungszeit von *Dantons Tod*, lebte, war wie die übrigen süddeutschen Mittelstaaten ein Ergebnis der Revolutionsfolgen, der Auflösung des Heiligen Römischen Reiches 1806, der napoleonischen Neuordnungspolitik und des Wiener Kongresses 1814/15. Nach 1815 war das Großherzogtum Teil der im ganzen stabilen Restaurationsordnung; aber dennoch gab es immer wieder Gründe, die Lage als latent revolutionär einzuschätzen. Gleich nach 1815 hatten sich in Gießen und Darmstadt radikale Gruppen, die sogenannten »Schwarzen«, gebildet, im Odenwald verweigerten 1819 die Bauern die Steuerzahlung, im September 1830 waren im Gefolge der Julirevolution weite ländliche Gebiete in der Provinz Oberhessen im Aufstand, und von 1832 bis 1835 gab es in ganz Hessen eine verbreitete Oppositionswelle, zu der auch der Büchner/Weidig-Kreis in Gießen und Butzbach gehörte.

Bereits der Schüler Büchner nannte vor 1830 in einem Schulaufsatz die Französische Revolution einen Kampf, »der die Menschheit in ihrer Entwickelung um mehr denn ein Jahrhundert in gewaltigem Schwunge vorwärtsbrachte« und eine Rache für die »Greuel [...], die Jahrhunderte hindurch schändliche Despoten an der leidenden Menschheit verübten« (HA II,8). Der Student Büchner erschien seinem französischen Freund Alexis Muston als ein »Anbeter«, ein »idolâtre de la révolution française« (zit. nach MBA III.2,176), und die politischen Oppositionellen in Hessen beeindruckte er durch die »sehr revolutionäre[n]

Ansichten« (Katalog Marburg 156), die er von seinen Aufenthalten in Straßburg Ende 1831 bis Mitte 1833 und im Frühjahr 1834 nach Hessen zurückbrachte. Diese Ansichten und Erfahrungen veranlassten ihn im Frühjahr 1834 zur Gründung einer Gießener und einer Darmstädter Sektion der konspirativen »Gesellschaft der Menschenrechte«, die dem Vorbild der französischen »Société des Droits de l'homme« folgte (vgl. Katalog Marburg 156 und 188), und zur Agitation der hessischen Bauern und Handwerker durch Flugschriften, also zum bekannten Projekt des *Hessischen Landboten.*

Dass Büchner seine »sehr revolutionären Ansichten« während und nach der Abfassung von *Dantons Tod* nicht geändert hatte, ist vielfach belegt (vgl. L5: Mayer 1993[1]), und dennoch fällt auf, dass schon die Zeitgenossen sich über die pro- oder antirevolutionäre Parteilichkeit des Dramas uneins waren. Dessen erster Leser und Herausgeber, der jungdeutsche Schriftsteller Karl Gutzkow, erkannte in dem Drama »wilde Sanscülottenlust«, also einen Ausdruck des revolutionären Enthusiasmus, und urteilte weiter: »Die Idee, die das Ganze zusammenhielt, war die rothe Mütze« (zit. nach GW IX,337f.), also ein Emblem der Französischen Revolution in der Phase von 1792. Ein anderer Zeitgenosse, Hermann Marggraff, beklagte dagegen die negative Zeichnung der Dantonisten, den »durch nichts gemilderte[n] Schrecken, der sich durch das Ganze hindurchzieht«, und er urteilte, dass »der Revolutionär Büchner eben so wenig für den Wohlfahrts-Ausschuß Sympathie fühlte, als daß er je im Stande gewesen wäre, die Herrschaft des Pöbels für Volkssouveränitität zu halten und letztere nach Kräften einzuführen« (zit. nach MBA III.2,325).

1 Die Angaben »L3«, »L4« usw. verweisen auf die einzelnen Abschnitte des Literaturverzeichnisses S. 195ff., sie stehen nicht bei den Werken Büchners (L1) und in der Regel auch nicht bei denen anderer Autoren (L2b). Die für Zitatnachweise usw. verwendeten Abkürzungen und Siglen sind auf S. 194 aufgelöst.

In der Tat scheint *Dantons Tod* sehr unterschiedliche Reaktionen hervorzurufen und sehr unterschiedliche Elemente zu enthalten: »Lust« und »Schrecken«, sympathische und zugleich schonungslose Zeichnung der »roten Mütze«, also des revolutionären Volkes, Verständnis für, wenn nicht Einverständnis mit vielen der Handelnden, zugleich aber auch Abscheu z. B. für das, was Marggraff mit Blick auf Saint-Justs große Konventsrede als »widerliche Erhabenheit« (ebd.) bezeichnete. Vielleicht gelangt man am ehesten zur Auflösung derartiger Widersprüche, wenn man in *Dantons Tod* weniger die Parteinahme für die eine oder andere Richtung und stärker das Mittel der Selbstvergewisserung eines »idolâtre de la révolution« sieht, einer Selbstvergewisserung, die schon darum nicht eindeutig parteilich ausfallen konnte, weil die von Büchner propagierte Revolution sich in Hinsicht auf die Revolutionäre, deren Mittel und Ziele von der der 1790er Jahre bereits deutlich unterschied.
Büchner hatte in Straßburg mitverfolgt, wie sich im postrevolutionären Frankreich von 1830 bis 1834 einerseits eine Herrschaft des »Geldaristokratismus« (zit. nach MBA III.2,159) etablierte, im Gegenzug dazu aber republikanische, neobabouvistische und frühsozialistische Bewegungen entstanden, die in einer breiten Diskussion sich teils noch positiv, teils aber auch schon kritisch auf die Revolution von 1789 bezogen. Mit Blick auf die deutschen Verhältnisse und mit charakteristischer Abschwächung drückte Karl Gutzkow in seiner ersten Rezension von *Dantons Tod* diesen kritischen Rückbezug so aus: »Unsre Jugend studirt die Revolution, weil sie die Freiheit liebt und doch die Fehler vermeiden möchte, welche man in ihrem Dienste begehen kann.« Aus einer anderen und Büchner sicher näheren Perspektive hatte der französische Sozialrevolutionär Auguste Blanqui in einer auch durch Heines Bericht berühmt gewordenen Rede vom 2. Februar 1832 seinen Zuhörern die für die zeitgenössischen Verfechter einer

Revolution in der Tat entscheidende Frage gestellt, wie es denn geschehen konnte, »daß eine so plötzliche und so sehr gefürchtete Offenbarung der Macht der Massen so unfruchtbar blieb? Welche Fatalität führte dazu, daß eine vom Volk gemachte Revolution, die das Ende der exklusiven Herrschaft der Bourgeoisie und den Beginn der Interessenvertretung und Machtausübung des Volkes darstellen sollte, zu keinem anderen Ergebnis führte als zur Wiederherstellung des Despotismus der Mittelklasse, zur Verschlimmerung des Elends der [Arbeiter und] Bauern und dazu, daß Frankreich immer mehr in den Kot gezogen wurde?« (Zit. nach GB I/II,91 f.)
Mit der Niederschrift von *Dantons Tod* verfolgte Büchner sicher nicht nur, aber doch auch die Absicht, derartige Fragen für sich selbst und andere zu klären. Büchner erklärte im Brief an seine Eltern vom 28. Juli 1835, »der dramatische Dichter« sei »nichts, als ein Geschichtschreiber«, und »[s]eine höchste Aufgabe« sei es, »der Geschichte, wie sie sich wirklich begeben, so nahe als möglich zu kommen.« Wie ein Geschichtsschreiber verhielt sich Büchner auch insofern, als er mit der Abfassung des Dramas erst nach einem längeren ›Studium der Revolution‹ und ihrer Quellen begann, wobei das Standardwerk der zeitgenössischen Revolutionshistoriographie, die *Histoire de la Révolution française* von Louis Adolphe Thiers, und die populäre *Geschichte Unserer Zeit* von Johann Konrad Friederich die auffälligsten Spuren in *Dantons Tod* hinterlassen haben (vgl. Einleitung zu Kap. III, unten S. 139–145).

Vorbereitung und Niederschrift von *Dantons Tod*

In dem Begleitbrief zu seinem Dramenmanuskript schrieb Büchner am 21. Februar 1835 an Gutzkow, »daß unglückliche Verhältnisse« ihn »zwangen, es in höchstens fünf Wochen zu schreiben.« Dass die Arbeit demnach Mitte Januar begonnen wurde, ist glaubwürdig, wenn man nur an die Herstellung der Reinschrift denkt, die noch zahlreiche Korrekturen und Ergänzungen enthält und an vielen Stellen den Vorgang einer Überarbeitung unterschiedlich ausformulierter Entwürfe erkennen lässt. Die in der Einleitung zu den historischen Quellen (vgl. unten S. 142f.) mitgeteilten Ausleihdaten seiner Quellentexte, bestimmte Indizien aus der Verarbeitung der Quellen und Büchners auch sonst nachweisbare, vor allem aus den *Woyzeck*-Manuskripten ersichtliche Schreibgewohnheiten lassen dagegen den Schluss zu, dass er die vorbereitende Arbeit im Oktober 1834 begonnen hatte (vgl. L6: Dedner 1986/87), und zwar in folgenden Schritten:

Für den äußeren Ablauf der Handlung orientierte sich Büchner in erster Linie an dem Anfang Oktober ausgeliehenen und vermutlich gleich zielstrebig exzerpierten Thiers, der wie keine andere historiographische Quelle die Ereignisse in einer dem Drama ähnlichen oder gleichen Reihenfolge und in ähnlicher Dichte wiedergibt. Vor allem das komplizierte Handlungsgerüst der ersten zwei Akte kann mit Ausnahme der Szenen I/6 (erster Teil, Gespräch Robespierre – Danton), II/3 (Nachricht von der bevorstehenden Verhaftung) und II/4 (Dantons Flucht und Umkehr) nur aufgrund von Thiers-Lektüre und -Exzerpten entstanden sein. Des weiteren vollständig von Thiers abhängig ist auch die Prozessdarstellung im dritten Akt, und zwar mit Einschluss der dort enthaltenen Irrtümer (vgl. L6: Wender 1988, S. 131–141). In der Szenenfolge nicht von Thiers, sondern von *Die Geschichte Unserer Zeit* (UZ) abhängig sind die Szene zwischen Danton und Robespierre (erster Auftritt von I/6) sowie die Handlungskerne der Szenen II/3 (Danton wird von der drohenden Verhaftung informiert) und II/4 (Danton flüchtet und kehrt um). Im übrigen diente UZ durchweg als Stoffquelle, lieferte also inhaltliche und sprachliche Elemente zur Erweiterung von schon nach Thiers konzipierten Szenen.

Als Zusatzquellen dienten mit Sicherheit das biographische Lexikon *Galerie historique des contemporains* und Merciers *Le Nouveau Paris*, möglicherweise auch Charles Nodiers *Dernier banquet* und seine *Souvenirs* sowie das vermutlich im Elternhaus vorhandene Supplement-Heft V zu UZ und weitere Werke (vgl. L7). Die Übernahmen aus diesen Zusatzquellen sind einander überraschend ähnlich. Büchner übernahm aus ihnen kürzere Zusätze oder Einschübe, die gelegentlich sogar die Textlogik beeinträchtigen. In der bis heute erhaltenen Handschrift in I/1 (Hérault, 7,1–5 und 7,29–8,10) noch unmittelbar nachweisbar sind Übernahmen aus dem 2. Buch von Heines *Zur Geschichte der Religion und Philosophie in Deutschland* (vgl. unten S. 19f. sowie Erl. zu 8,1–9). Büchner las Heines Werk vermutlich erst ab dem 10. Februar 1835 und erweiterte den längst fertigen Dramentext nach der Lektüre.

Biographische Umstände im Herbst/Winter 1834/35

Am 4. August 1834, drei Tage nachdem Büchners Freund Karl Minnigerode mit 139 Exemplaren des *Hessischen Landboten* verhaftet worden war, durchsuchte der Gießener Universitätsrichter die Wohnung des als besonders belastet geltenden Büchner und sandte vorsorglich einen Steckbrief an das Darmstädter Ministerium und das Frankfurter Polizeiamt. Offenbar um weiteren Repressalien und der drohenden Verhaftung zu entgehen, verbrachte Büchner den folgenden Herbst und Winter in Darmstadt, wo er neben der Vorbereitung und Niederschrift von *Dantons Tod* und der Fortsetzung seiner medizinischen Studien verschiedenen konspirativen Tätigkeiten nachging. So reorganisierte er die im April 1834 gegründete Darmstädter Sektion der »Gesellschaft der Menschenrechte«, die »bald bedeutend stärker aufblühte, als ihre Gießner Muttergesellschaft« (*Nachgelassene Schriften* 19). Sie betrieb u. a. den Ankauf einer Handpresse, da sie durch die »Einwirkung auf die niederen Volksclassen« und durch »die Verbreitung von in diesem Sinne verfassten Flugschriften« »einen Massenaufstand« und dadurch »die Herstellung einer Republik herbeiführen« wollte. Beschäftigt war Büchner weiterhin mit Vorbereitungen zur Befreiung der in Friedberg wegen der Beteiligung am *Hessischen Landboten* einsitzenden Untersuchungshäftlinge. Hier gelang es, einen Friedberger Wachsoldaten zu gewinnen und gegen Ende Januar mit einem passenden Nachschlüssel zumindest für Minnigerodes Zelle und mit einem Gläschen Opium zur Betäubung des Gefangenenwärters zu versehen (vgl. MBA III.2,225 ff.).

Zugleich nahmen, wie Ludwig Büchner es 1850 ausdrückte, die »politischen Untersuchungen in Hessen [...] einen eifrigen Fortgang« (*Nachgelassene Schriften* 21), und es ist nicht unwahrscheinlich, dass Büchner »wegen der Flugschriften« zweimal als Zeuge vernommen wurde und dass ihn die Polizei spätestens Ende Februar 1834 zu beobachten begann. Nachdem das Befreiungsprojekt durch die Entlassung des Friedberger Wachsoldaten am 1. März gescheitert war, bedeutete ein längeres Bleiben in Hessen ein sinnloses Risiko, während bis dahin das gute Verhältnis zur Familie und »die Sorge um die in der Gefangenschaft befindlichen Freunde« (Wilhelm Büchner an Karl Emil Franzos, 9. Sept. 1878) noch gegen eine Flucht gesprochen hatten (vgl. MBA III.2,239 ff.). Büchners Versicherung in seinem ersten Brief an die Eltern aus dem Exil (9. März 1835), »[n]ur die dringendsten Gründe konnten mich zwingen, Vaterland und Vaterhaus in der Art zu verlassen«, ist deshalb ernst zu nehmen, und da er seine tatsächliche Rolle in der hessischen Opposition und den Stand der Ermittlungen nicht nennen konnte, berief er sich nur auf seine subjektive »beständige geheime Angst vor Verhaftung und sonstigen Verfolgungen, die mich in Darmstadt beständig peinigte«.

Neben dem »Zorn gegen den Polizeistaat« (Wilhelm

Büchner an K. E. Franzos, 23. Dez. 1878) hat sicher auch diese Angst vor Gefängnishaft im Drama ihre Spuren hinterlassen. Sie prägt vor allem die letzten zwei Akte von *Dantons Tod* erheblich stärker, als es die Situation der Dantonisten verlangt, die ja nicht mit langem Gefängnis, sondern mit baldigem Tod rechnen müssen. Außer über die Länge und mechanische Art des Gerichtsverfahrens (vgl. 66,18–20 »die Glieder würden mir langsam systematisch von der kalten physischen Gewalt abgedreht: So mechanisch getötet zu werden!«) klagen die Häftlinge über Klaustrophobie (63,10–14, 73,12–74,37), und das Leben überhaupt erscheint als lebendiges Begrabensein (67,3–13, 67,17–37); all dies Vorstellungen und Ängste, die auch Büchner verfolgten. Seinem Bruder Wilhelm »erklärte er es sey sein Tod, wenn er in Gefangenschaft geriethe« (Wilhelm Büchner an K. E. Franzos, 9. Sept. 1878), und den Eltern schrieb er am 9. März 1835, eine Haft hätte ihn »körperlich und geistig zerrüttet«.

Büchner hat selbst mitgeteilt, der *Danton* sei »so hurtig zu Stande gekommen«, weil die Darmstädtischen »Polizeidiener seine Musen gewesen« seien (zit. nach GW IX,345). Tatsächlich sandte Büchner das fertige Dramenmanuskript am 21. Februar an Karl Gutzkow nach Frankfurt, der es einige Tage später »eine[m] Kreis von ältern und jüngern Kunstgenossen« vorlas (ebd. 330), dabei auch die Zustimmung des Verlegers Sauerländer für den Abdruck gewann, sich im Folgenden jedoch vergeblich um persönlichen Kontakt mit Büchner und um dessen Mitwirkung an den notwendigen Zensurschnitten bemühte. Büchner blieb offenbar noch bis zum 4. März in Darmstadt, begab sich dann – vielleicht in der Hoffnung, noch etwas für die Befreiung der Inhaftierten tun zu können – nach Friedberg und nutzte die dort vorbereiteten Transportmittel und -wege zur Flucht nach dem französischen Weißenburg, wo er am 9. März ankam (vgl. MBA III.2,242–244). Gutzkow bereitete indes den ausschnittweisen Vorabdruck des

Dramas für den *Phönix. Frühlings-Zeitung für Deutschland* vor (26. März – 7. April 1835). Als Buch erschien *Dantons Tod* um den 10. Juli 1835 mit dem entstellenden, nicht von Büchner stammenden Untertitel »Dramatische Bilder aus Frankreichs Schreckensherrschaft«.

Dantons Tod und die politischen Debatten der 1830er Jahre

Schon im Allgemeinen gilt, dass historische Dramen ihr Bild der Vergangenheit stets auf die jeweilige Gegenwart beziehen, und von einem Dramatiker, der während der Niederschrift die »niederen Volksclassen« zu revolutionieren suchte, und bei einem Stoff wie der Französischen Revolution muss dies natürlich in besonderem Maße zutreffen. Durch seinen Aufenthalt in Straßburg verfügte Büchner über eine genaue Kenntnis der Praxis und der Theoriediskussionen unter den republikanischen Oppositionellen und in der frühen französischen Arbeiterbewegung. Eine zentrale Stellung in dieser Diskussion hatten die Ereignisse nach 1789, wobei der sicher größere Teil der Oppositionellen positiv an die Revolutionsereignisse vom Bastillesturm 1789 bis zur Jakobinerdiktatur 1793/94 und bis zu Babeufs »Verschwörung der Gleichen« 1796 anknüpfte. Jedoch rief gerade der affirmative Bezug auf die Jakobinerdiktatur Widerspruch hervor und gab auch im Lager der Sozialrevolutionäre Anlass zu historisch differenzierten, wenn nicht distanzierten Urteilen. Herausragende Themen in diesen Debatten waren die Frage nach den primären – ideellen oder materiellen – Motiven revolutionären Handelns, die innere Widersprüchlichkeit der »Terreur« (vgl. Erl. zu 22,31) und anderer Formen revolutionärer Gewalt und schließlich die Frage nach dem eigentlichen Subjekt der Revolution, dabei speziell die Frage, wie sich die materiellen Interessen des Volkes mit denen der Revolution vereinen ließen. In der deutschen

Diskussion ist dies vor allem durch Heines Berichte und Stellungnahmen aus dem Paris der 1830er Jahre bekannt. Heines witzige Selbstcharakterisierung, er sei »eine gewöhnliche Guillotine«, Ludwig Börne dagegen »eine Dampfguillotine« (zit. in Börne, *Briefe aus Paris*, 73. Brief, 4. Febr. 1832), kennzeichnet einen zeitgenössischen Streit über die Bewertung der »Terreur« und dürfte sich sinngemäß auf Büchner übertragen lassen. Büchner lehnte revolutionäre Gewalt keineswegs ab, sondern erklärte z. B. seinen Eltern mit erstaunlicher Offenheit: »Wenn in unserer Zeit etwas helfen soll, so ist es Gewalt«, denn man befinde sich ohnehin »in einem ewigen Gewaltzustand«. Dass sich andererseits *Dantons Tod* nicht als Stück zugunsten der Jakobinerdiktatur oder auch nur als Rechtfertigung der Hinrichtung der Dantonisten lesen lässt, ist zu sagen auch deshalb nicht überflüssig, weil ein Büchner-Biograph urteilte, Büchner mache mit seinem Drama »deutlich, daß die Liquidierung der Dantonisten zu Recht erfolgte« (L4: Hauschild 1993, S. 445).
Gerade nach 1830 entwickelte sich ein neues Interesse an der Begründung der »Terreur«, was sich an Neuausgaben von Schriften z. B. Marats (*Les chaînes de l'esclavage*), Robespierres (*Œuvres et discours choisies*) und Saint-Justs (*Œuvres*) ablesen lässt, und Heine äußerte sich im Februar 1832 besorgt über die »Guillotinomanie, die wir bey den Republikanern finden« (*Französische Zustände*, Art. III, 10. Febr. 1832, DHA XII,98), eine Besorgnis, die im Begriff der »Guillotinenromantik« (6,29f.) wiederzukehren scheint. Sie findet in den Debatten der französischen Sozialrevolutionäre ihre Parallele und führte bei einigen dazu, die Vorbildfunktion des Jakobinismus Robespierrescher Prägung überhaupt in Frage zu stellen. Charakteristisch ist etwa die Ansicht von Xavier Sauriac, einem Mitglied der »Société des Droits de l'homme«, jakobinische Errungenschaften wie »die Konfiskationen und die Guillotine können nicht als Mittel zur Gleichheit dienen«, sie hätten

»angesichts der monströsen und unnützen Ergebnisse ihrer ersten Anstrengungen den moralischen Kredit verloren« (Anfang 1834, zit. nach MBA III.2,183).
Diese Distanzierung von der »Terreur« betrifft auch andere zentrale Punkte des jakobinischen Programms, das Robespierre z. B. in seiner »Rede über die Grundsätze einer politischen Moral« vom 5. Februar 1794 formuliert hatte und auf das Büchner in seinem Drama mehrfach rekurriert (vgl. Erl. zu 16,21 f., 64,13–17 und 71,19–21). Robespierre hatte ausgeführt, die Stärke der »Republik oder Demokratie« beruhe auf der »Liebe zum Vaterlande«, und dieses »erhabene Gefühl« sei identisch mit der »Seelenstärke«, »welche die Fähigkeit zu [...] Aufopferungen giebt«. Dass die »Fähigkeit zu Aufopferungen« zu den wichtigsten republikanischen Tugenden gehöre, ist eine wiederkehrende Feststellung der robespierristischen Fraktion in *Dantons Tod* und war zugleich eine wichtige Parole der Neojakobiner, die »Egoismus« als Haltung der Reichen, »Aufopferung« oder »Tugend« als Haltung der Armen begriffen. Dagegen hoben andere Strömungen hervor, die »materiellen Interessen« oder auch die »materiellen Bedürfnisse« seien die eigentlichen sozialen Triebkräfte, und die in ökonomischen Kategorien denkenden Sozialrevolutionäre übertrugen diese Auffassung auch auf die Arbeiterklasse (»classes laborieuses«) oder auf die Proletarier (»prolétaires«). So wurde das, was Heine die »spiritualistische« Tradition nannte und was insgesamt die Jakobiner charakterisierte, durch »materialistische« Auffassungen verdrängt.
Der saint-simonistische Autor Pierre Leroux stellte Ende 1833 in diesem Sinne etwa fest, die bei den Proletariern dominierende »Einforderung materieller Güter« habe »nichts Unmoralisches«, es sei nicht besser, das »Autoritätsprinzip unter dem schönen Namen der Aufopferung« zu verbergen als »das Prinzip des Egoismus unter dem schönen Namen der Freiheit«, das Postulat der Aufopferung stehe in der Tradition der christlichen Morallehre,

und Robespierre sei der »legitime Nachfolger Gregors VII. und der Inquisition« (zit. nach MBA III.2,187f.). Ähnliche Argumente finden sich wenig später auch bei Heine. Dass es vordringlich sei, die »materiellen Bedürfnisse« zu befriedigen, fordern in *Dantons Tod* sowohl die Dantonisten als auch das ›Volk‹ in Gestalt sansculottischer »Bürger« (I/2) ein. In Abwehr von robespierristischen Leitbegriffen wie »Tugend« und »Seelengröße« (46,33–47,10) treten die Dantonisten für das »Wohlbefinden« und den »eigentümlichen Genuß« (7,14–28) sowie für Lehrsätze einer epikuräisch-materialistischen Ethik ein (26,13–19 und 52,19–30) und erklären, »das Volk ist materiell elend« (23,16f.), während Robespierre »Tugend« und »Größe« des Volkes hervorhebt (12,33–13,7 und 17,30–34).
Auch Büchner hat nach 1833 Kategorien wie »Aufopferung« oder patriotische »Tugend« jedenfalls für das Volk mit keinem Wort mehr bemüht, sondern auf das »materielle Elend«, den »materiellen Druck« und die »materiellen Interessen« verwiesen, so dass er in der geschilderten ideologischen Konstellation der republikanischen Bewegung Frankreichs um 1832–34 eher dem materialistischen als dem neojakobinisch-spiritualistischen Flügel zuzurechnen ist. In *Zur Geschichte der Religion und Philosophie in Deutschland* hatte Heine sich zu dieser Konstellation geäußert mit den Sätzen: »Wir kämpfen nicht für die Menschenrechte des Volks, sondern für die Gottesrechte des Menschen. Hierin, und in noch manchen anderen Dingen, unterscheiden wir uns von den Männern der Revoluzion. Wir wollen keine Sanskülotten seyn, keine frugale Bürger [...]: wir stiften eine Demokrazie gleichherrlicher, gleichheiliger, gleichbeseligter Götter. Ihr verlangt einfache Trachten, enthaltsame Sitten und ungewürzte Genüsse; wir hingegen verlangen Nektar und Ambrosia, Purpurmäntel, kostbare Wohlgerüche, Wollust und Pracht, lachenden Nymphentanz, Musik und Komödien – Seyd deßhalb nicht ungehalten, Ihr tugendhaften Republikaner!

Auf Eure censorische Vorwürfe entgegnen wir Euch, was schon ein Narr des Shakespear sagte: meinst du, weil du tugendhaft bist, solle es auf dieser Erde keine angenehmen Torten und keinen süßen Sekt mehr geben?« (*Der Salon* II,133 f.; vgl. DHA VIII,61.)
Büchner war von dieser pointierten Fassung des antispiritualistischen Programms offenbar so angetan, dass er Teile der längst abgeschlossenen ersten Szene trotz des Zeitdrucks, unter dem er gestanden haben muss, nochmals umarbeitete und so seinem ›historischen‹ Drama zusätzlich die Dimension eines Zeitstücks gab.

I. Kommentar, Wort- und Sacherläuterungen

Personen

3,[2] *Georg Danton:* Für Büchners Zeitgenossen war Georges Jacques Danton (1759–94) Mitbegründer des Cordeliers-Klubs (vgl. Erl. zu 32,16), Urheber der Demonstration auf dem Marsfeld (16./17. Juli 1791), Initiator des Tuileriensturms vom 20. Juni und 10. Aug. 1792 sowie Begründer der Revolutionsarmee, Retter Frankreichs, aber auch Hauptverantwortlicher der Septembermorde (vgl. Erl. zu 23,35), Schöpfer des Revolutionstribunals und dennoch Gegner des Staatsterrors der Jakobiner, der »Terreur« (vgl. Erl. zu 22,31). Büchners Quellen schildern ihn als leidenschaftlichen und zugleich pragmatischen Republikaner, als Volkstribunen, aber auch als »bestechbar« (UZ V,56). Er war Mitglied des Cordeliers- wie des Jakobinerklubs (seit 1790), trat meist jedoch in letzterem auf. Nach dem Sturz der Monarchie Justizminister, Rücktritt Anfang Okt. 1792 zugunsten seines Abgeordnetenmandates. Im Prozess gegen Ludwig XVI. stimmte er nach vergeblichen Bemühungen, die Abstimmungen zu dessen Gunsten zu beeinflussen, für den Tod ohne Aufschub. Danton war Mitglied des Wohlfahrtsausschusses von April bis Juli 1793, wo er mit Barère das außenpolitische Ressort leitete. Am 6. Sept. erneut in den Wohlfahrtsausschuss gewählt, gab er sein Amt bereits am folgenden Tag auf und zog sich bis Ende Nov. 1793 aus dem politischen Leben zurück. Im Zusammenhang mit der von Dantons Freund und Sekretär Fabre d'Églantine aufgedeckten Spekulations- und Korruptionsaffäre um die Handels- und Kapitalgesellschaft der Indienkompanie kehrte er nach Paris zurück, schloss sich der Kampagne der »Indulgents« (Nachsichtigen) an und wurde zum Hoffnungsträger der liberalen Opposition. Die Angriffe der Gemäßigten gegen die Revolutionsregierung seit Mitte Dez. 1793 und die Entdeckung der Verwicklung Fabres in die Affäre um die Indienkompanie waren die Anlässe für den Prozess gegen Danton. Er wurde in der Nacht zum 31. März 1794 verhaftet und am 5. April hingerichtet.

3,[3] *Legendre:* Louis-Philippe Legendre (1752–97) gehörte zu den Gründern des Cordeliers-Klubs und war seit Ende 1791 eines der aktivsten Mitglieder des Jakobinerklubs. Im Sept. 1792 in den Konvent gewählt. Seine Politik des Ausgleichs trug ihm bereits im Sommer 1793 den Vorwurf der Mäßigung ein. Nach dem Thermidorumsturz (ab Aug. 1794) Mitglied des Sicherheitsausschusses. Unter der Direktorialregierung (ab Nov. 1795) gehörte er dem »Rat der Alten« an.

3,[4] *Camille Desmoulins:* Desmoulins (1760–94), seit März 1785 Anwalt, rief am 12. Juli 1789 im Garten des Palais-Royal das Volk zum Aufstand auf. Mit seinen Streitschriften wie *Discours de la lanterne aux Parisiens* (Sept. 1789) sowie als Redakteur der *Révolutions de France et de Brabant* einer der zeitgenössischen einflussreichsten Verfechter einer demokratischen Republik. Im Aug. 1792 Sekretär im Justizministerium Danton; Anfang Sept. 1792 in den Konvent gewählt; er stimmte für den Tod Ludwigs XVI. und gegen die Anklage Marats. Ab dem 5. Dez. 1793 attackierte Desmoulins in seiner Zeitschrift *Le Vieux Cordelier* zunächst die Hébertisten (vgl. Erl. zu 6,32), ab der dritten Nummer (15. Dez.) jedoch auch die Diktatur der Jakobiner und forderte die Bildung eines »Gnadenausschusses« zur Überprüfung der Haftgründe politischer Gefangener (Nr. IV, 20. Dez.). Robespierre schützte ihn zunächst gegen Angriffe im Jakobinerklub, kritisierte ihn jedoch später als Sprachrohr der Gemäßigten. In der Nacht zum 31. März 1794 wurde Desmoulins verhaftet und am 5. April hingerichtet.

3,[5] *Hérault-Séchelles:* Marie-Jean Hérault de Séchelles (1759–94); vor 1789 Generalstaatsanwalt am Pariser Parlement (dem obersten königlichen Gerichtshof, im Rang eines Verfassungsgerichts) und 1790/91 Richter zunächst bei einem Gericht der Stadt, dann des Département Paris. Der Konvent beauftragte Hérault, u. a. zusammen mit Couthon und Saint-Just, im Mai 1793 mit der Redaktion der Verfassung, bei deren feierlicher Inkraftsetzung er am 10. Aug. präsidierte. Seit Juli 1793 ordentliches Mitglied des Wohlfahrtsausschusses. Wegen seiner Kontakte zu ausländischen Agenten und zum Adel und wegen seines Lebenswandels der »Verschwörung mit dem Ausland« bezichtigt, wurde Hérault am 15. März 1794 festgenommen und am 31. März in die Anklage gegen die Dantonisten einbezogen. – Als besonders auffällig galt seine »Schönheit«.
Deputierte: die Abgeordneten des Nationalkonvents (vgl. Erl. zu 44,10).

3,[6] *Lacroix:* Jean-François Delacroix (1753–94), genannt Lacroix; Ende Aug. 1791 in die Nationalversammlung gewählt. Als Abgeordneter machte er sich Robespierre zum Gegner. Anfang Dez. 1792 bis März 1793 als Beauftragter des Konvents mehrfach mit Danton in Belgien. Mitglied des ersten Wohlfahrtsausschusses; wurde jedoch ebenso wie Danton bei dessen Erneuerung nicht im Amt bestätigt. Ende Jan. 1794 wurden ihm Amtsanmaßung (wegen seiner für einen Juristen ungewöhnlichen Beförderung zum Brigadegeneral), aufwendige Lebensführung und kriminelle Bereicherung vorgeworfen. Saint-Just klagte ihn am 31. März vor allem als Komplizen Dantons an.

3,[7] *Philippeau:* Pierre-Nicolas Philippeaux (1756–94); vor der Revolution Anwalt. Ende Juni 1793 wurde er zur Aushebung von Truppen nach Zentral- und Westfrankreich in die aufständische Vendée entsandt. In verschiedenen Schriften machte er zunächst die Revolutionsgeneräle Ronsin und Rossignol, dann den Wohlfahrtsausschuss für die Niederlagen der Republik im Vendéekrieg verantwortlich. Am 31. März 1794 vor allem als Werkzeug der Dantonisten angeklagt und am 5. April hingerichtet.

3,[8] *Fabre d'Églantine:* Philippe François Nazaire Fabre (1750–94), genannt Fabre d'Églantine; erzielte als Bühnenautor (seit 1779) – vor allem mit *Le Philinte de Molière* (1790) – große Erfolge. Er gehörte 1789/90 zu den führenden Personen im Cordeliers-Distrikt und wurde im Aug. 1792 mit Desmoulins Sekretär im Justizministerium Danton. Im Nov. 1793 wurde seine Mitwirkung an der Fälschung der Verordnung über die Auflösung der Indienkompanie bekannt, am 12. Jan. 1794 wurde gegen ihn Haftbefehl erlassen, am 16. März wurde er dem Revolutionstribunal überstellt. Am 5. April 1794 starb er mit den Dantonisten unter der Guillotine. – Fabre d'Églantine ist auch der Schöpfer der Monatsnamen im Revolutionskalender, dessen erstes Jahr am 22. Sept. 1792 begann (»Nivôse« – »Pluviôse« – »Ventôse« – »Germinal« usw., bis 1806).

3,[9] *Mercier:* Louis-Sébastien Mercier (1740–1814); Schriftsteller und Journalist, stand der Gironde (vgl. 11,8 »Girondisten« mit Erl.) nahe. Ende Juni 1793 der Verunglimpfung des französischen Volkes bezichtigt, wurde er am 3. Okt. 1793 festgenommen und blieb bis Nov. 1794 in Haft. Im Dez. 1794 nahm er erneut seinen Platz im Konvent ein. – Sein Werk *Le Nouveau Paris* (1799/1800) war eine der historischen Quellen für Büchners Drama.

3,[10] *Thomas Payne:* Payne (1737–1809) stammte aus einer kleinbürgerlichen englischen Quäkerfamilie und lebte von 1774 bis zunächst 1787 in Nordamerika, wo er mit *The Common Sense* (1776) und seinen Artikeln über »The American Crisis« publizistisch für die amerikanische Unabhängigkeit wirkte. Nach Europa zurückgekehrt, verteidigte er in *The Rights of Man* (1791/1792) die Französische Revolution im Namen des Naturrechts, erhielt im Aug. 1792 die französische Staatsbürgerschaft und wurde im Sept. in den Konvent gewählt. Er arbeitete am girondistischen Verfassungsentwurf mit. Am 26. Dez. 1793 als Ausländer aus dem Konvent ausgeschlossen, am 28. Dez. festgenommen, erst im Nov. 1794 auf Initiative der amerikanischen Regierung freigelassen und in den Konvent zurückberufen. Während seiner Haft erschien in französischer Übersetzung der erste Teil seines religionskritischen Werkes *The Age of Reason* (vollst. Ausg. London 1795), das ihm den Vorwurf des Atheismus eintrug.

3,[11] *Robespierre:* Maximilien Robespierre (1758–94); Sohn eines Anwalts und in den siebziger Jahren mit Desmoulins Stipendiat am selben Pariser Collège. Seit 1782 Anwalt in Arras, gelangte er durch seine Kritik an der bestehenden Rechtspraxis sowie am Ancien Régime zu lokaler Berühmtheit und wurde im April 1789 als einer der Vertreter des Dritten Standes in die Versammlung der Generalstände gewählt. Er gehörte zu den Gründern des Jakobinerklubs und wurde im Sept. 1792 als erster Abgeordneter der Stadt Paris in den Konvent gewählt. Ab dem 27. Juli 1793 gehörte er dem Wohlfahrtsausschuss an. Robespierre war Gegner der direkten Demokratie und begegnete den Brotunruhen 1793 mit der Forderung nach verstärkter Repression gegen die Gegner der jakobinischen Revolution. In seinen Konventsreden vom 25. Dez. 1793 und 5. Febr. 1794 legitimierte er die Jakobinerdiktatur. Er war maßgeblich am Entwurf des »Prairialgesetzes« beteiligt (10.–12. Juni 1794), das die Befugnisse des Revolutionstribunals erheblich erweiterte und den Konflikt zwischen Sicherheits- und Wohlfahrtsausschuss sowie auch innerhalb des Wohlfahrtsausschusses selbst verschärfte. Seit etwa Mitte Juni formierten sich im Konvent und in den

Regierungsausschüssen die Gegner Robespierres. Am 27. Juli 1794 wurde gegen ihn Haftbefehl erlassen, am 28. wurde er festgenommen und ohne Verfahren hingerichtet.

3,[12] *St. Just:* Louis-Antoine de Saint-Just (1767–94); wurde als Abgeordneter im Konvent vor allem durch seine Forderung nach Hinrichtung Ludwigs XVI. im Namen des Völkerrechts (13. Nov. 1792) und durch seine Rede vom 29. Nov. 1792, in der er die ökonomische und politische Stabilisierung der Republik forderte, berühmt. Sein *Essai de Constitution* war eine der Vorlagen für die Verfassung von 1793. Am 10. Okt. 1793 jedoch begründete er den Antrag, aufgrund dessen die »provisorische Regierung Frankreichs« die Anwendung der Verfassung »bis zum Frieden« (Art. 1) aussetzte. Als Leiter des Polizeibüros des Wohlfahrtsausschusses bemühte er sich im Juli 1794 vergeblich, zwischen dem Sicherheits- und dem Wohlfahrtsausschuss zu vermitteln. Am 28. Juli zusammen mit Robespierre hingerichtet. Büchners Zeitgenossen galt Saint-Just als »Terrorist« (Brockhaus 1833, IX,592) und »Schreckensmann« der Revolution (Brockhaus 1843, XII,472).

3,[13] *Barère:* Bertrand Barère de Vieuzac (1755–1841); vor der Revolution Anwalt und Literat in Toulouse. Im April 1789 als Vertreter des Dritten Standes in die Generalstände gewählt. In der Nationalversammlung gehörte er der gemäßigten Linken an. Er sprach sich gegen die Einrichtung des Revolutionstribunals aus und war Mitglied des Verteidigungsausschusses (Jan.–April 1793) sowie des Wohlfahrtsausschusses; seine Reden bezeichnete man als »Carmagnolen« (vgl. Erl. zu 24,17). Im Spätsommer/Herbst 1793 im Jakobinerklub als Sympathisant der Girondisten, als Mitglied des ›dantonistischen‹ Wohlfahrtsausschusses und als Revolutionsgewinnler angegriffen. Am 2. März 1795 wurde gegen ihn sowie gegen Billaud-Varenne, Collot d'Herbois und Vadier Anklage erhoben; unmittelbar nach dem Aufstand vom 12. Germinal (1. April 1795) beschloss der Konvent ihre Deportation.

3,[13/14] *Wohlfahrtsausschusses:* Der Wohlfahrtsausschuss wurde am 6. April 1793 eingesetzt. Durch die Dekrete vom 10. Okt. und 4. Dez. 1793, mit denen der Konvent die Verfassung außer Kraft setzte, erhielt er die Aufsicht über die Generalität, die Minister, die verfassten Körperschaften und die öffentlich Bediensteten, durch das Dekret vom 1. April 1794 die alleinige Exekutivgewalt. Er setzte sich ursprünglich aus neun Konventsabgeordneten zusammen, die durch namentliche Abstimmung gewählt wurden. Seine Beratungen waren geheim. Barère gehörte dem Ausschuss seit dem 7. April 1793 an; Hérault de Séchelles, Saint-Just und Couthon waren ihm am 30. Mai zum Entwurf des Verfassungstextes beigeordnet worden und wurden bei der Umbildung des Ausschusses am 10. Juli wiedergewählt. Am 27. Juli wurde Robespierre, am 6. Sept. wurden Billaud-Varenne und Collot d'Herbois zu Mitgliedern gewählt. Seit Ende April 1794 jedoch führten persönliche Konflikte und Eingriffe in die Kompetenzen des Sicherheitsausschusses (vgl. Erl. zu 3,[16/17]) zur Spaltung zwischen den Regierungsausschüssen. Gleichzeitig nahmen die politischen Divergenzen und persönlichen Rivalitäten im Wohlfahrtsausschuss selbst zu. Nach dem Sturz der Jakobinerdiktatur wurde der Wohlfahrtsausschuss teilweise entmachtet. Mit dem Inkrafttreten der Verfassung des Jahres III (27. Okt. 1795) stellte er seine Arbeit ein.

3,[14] *Collot d'Herbois:* Jean-Marie Collot (1749–96), genannt Collot d'Herbois; vor der Revolution Schauspieler und noch 1791 erfolgreicher Bühnenautor. Ab 1789 Mitglied des Jakobinerklubs. Als Konventsabgeordneter formulierte er am 21. Sept. 1792 den Antrag zur Abschaffung der Monarchie. Seit 6. Sept. 1793 gehörte er dem Wohlfahrtsausschuss an, wo er mit Billaud-Varenne die extreme Linke vertrat. Am 30. Okt. wurde er zusammen mit Fouché mit der Strafexpedition gegen das aufständische Lyon beauftragt und billigte die berüchtigten Massenerschießungen (vgl. Erl. zu 13,26). Am 1. Sept. 1794 schied er ebenso wie Barère und Billaud-Varenne aus dem Wohlfahrtsausschuss aus. Am 2. März 1795 verhaftet und nach dem »Prairial-Aufstand« (20. Mai 1795) mit Billaud-Varenne nach Guyana deportiert.

3,[15] *Billaud-Varenne:* Jacques-Nicolas Billaud (1756 bis 1819), genannt Billaud-Varenne; seit 1784 Anwalt beim Pariser Parlement (vgl. Erl. zu 3,[5] »Hérault-Séchelles«), seit 1790 Mitglied des Jakobinerklubs und seit Sept. 1793 des Wohlfahrtsausschusses. Stand in seinen politischen Auffassungen Robespierre und Saint-Just nahe, unterstützte Robespierre im Kampf gegen die Ultrarevolutionäre und gegen die Gemäßigten, stellte sich jedoch, von diesem angegriffen, später gegen ihn. Bei der Neuwahl des Wohlfahrtsausschusses am 1. Sept. 1794 trat er ebenso wie Barère und Collot zurück. Anfang März 1795 verhaftet und schließlich mit Collot nach Guyana deportiert.

3,[16] *Amar:* Jean Baptiste André Amar (1755–1816); vom 16. Juni 1793 bis 6. Okt. 1794 Mitglied des Sicherheitsausschusses, beantragte in dieser Eigenschaft u. a. am 3. Okt. 1793 die Anklage gegen 41 Girondisten sowie am 16. März 1794 das Anklagedekret gegen die in die Korruptionsaffäre um die Auflösung der Indienkompanie verwickelten Abgeordneten. In der Konventssitzung vom 29. Aug. 1794 griff ihn der Abgeordnete Lecointre als einen der Hauptverantwortlichen für die robespierristische Diktatur an, er wurde festgenommen, später jedoch begnadigt.

3,[16/17] *Sicherheitsausschusses:* »Policeyausschuß« (Brockhaus 1843, XV,372); gebildet am 17. Okt. 1792; zuständig für Fragen der inneren Sicherheit; seit Sept. 1793 wichtigste politische Polizei.

3,[17] *Vouland:* Jean Henri Voulland (1751–1801) gehörte der Verfassunggebenden Versammlung und deren politischer Polizei an, war seit Okt. 1791 Richter, dann Konventsabgeordneter und vom 14. Sept. 1793 bis 27. Aug. 1794 Mitglied des Sicherheitsausschusses. Wurde mit Amar als einer der Hauptverantwortlichen für die robespierristische Diktatur angegriffen, entging der Verhaftung und wurde am 26. Okt. 1795 amnestiert.

3,[18] *Chaumette:* Pierre-Gaspard Chaumette (1763–94); Mitglied des Cordeliers-Klubs (bis Dez. 1793), forderte nach dem Fluchtversuch des Königs die Abschaffung der Monarchie und wurde im Dez. 1792 zum Munizipalanwalt (vgl. folgende Erl. zu »Prokurator des Gemeinderats«) gewählt; forderte als solcher dirigistische und repressive Maßnahmen zur Versorgung der plebejischen Schichten. Am 18. März 1794 festgenommen und im Prozess gegen die vermeintlichen Verschwörer im Luxembourg-Gefängnis (10.–13. April 1794) angeklagt, zum Tod verurteilt und am 13. April hingerichtet. Chaumette war Atheist und zählte zu den Anhängern Héberts (vgl. Erl. zu 31,29).
Prokurator des Gemeinderats: vertrat die Interessen der Kommune u. a. in zivil- und strafrechtlichen Angelegenheiten und besaß beratende Stimme in allen städtischen Versammlungen.

3,[19] *Dillon:* Arthur Dillon (1750–94); vor der Revolution Gouverneur zweier Antilleninseln. Vertrat 1789 bis 1791 den Adel von Martinique in den Generalständen und der Verfassunggebenden Versammlung. 1792 Generalleutnant, zunächst dem Befehl La Fayettes (vgl. Erl. zu 46,9) unterstellt, als erklärter Gegner der Revolution vom 10. Aug. 1792 vorübergehend suspendiert, dann Dumouriez (vgl. Erl. zu 46,9) zugewiesen. Er trug zum französischen Sieg bei Valmy bei und nahm am 14. Okt. Verdun wieder ein, wurde jedoch wegen des Angebots von Rückzugsverhandlungen an den Landgrafen von Hessen-Kassel Mitte Nov. erneut suspendiert. Seit Ende Okt. 1793 wegen des Verdachts der monarchistischen Verschwörung im Luxembourg-Gefängnis inhaftiert. Am 13. April 1794 als einer der Haupträdelsführer bei der mutmaßlichen Verschwörung zur Befreiung der Dantonisten und zur Thronerhebung Ludwigs XVII. hingerichtet.

3,[20] *Fouquier-Tinville:* Antoine-Quentin Fouquier (1746 bis 1795), genannt Fouquier-Tinville; 1792 Vorsitzender der Anklagejury bei dem als Vorläufer des Revolutionstribunals geltenden Sondergerichtshof (17. Aug. – 1. Dez.), dann stellvertretender öffentlicher Ankläger (seit 13. März 1793) und Chefankläger beim Revolutionstribunal (seit 26. Sept.). Am 1. Dez. 1794 wurde gegen ihn Anklage erhoben; ihm wurden krasse Missachtung prozessualer Regeln und grausame Behandlung der Angeklagten zur Last gelegt. Am 7. Mai 1795 hingerichtet.

3,[21] *Herman:* Armand Martial Joseph Herman (1759 bis 1795); seit 28. Aug. 1793 Präsident des Revolutionstribunals. Leitete insbesondere die Prozesse gegen die Girondisten, gegen Marie-Antoinette und die Dantonisten, wurde jedoch nach dem Dantonistenprozess durch Dumas abgelöst. Am 13. April 1795 unter Anklage gestellt; ihm wurde vorgeworfen, im Dantonistenprozess gemeinsam mit Fouquier die Geschworenen gesetzwidrig ausgewählt und sie beeinflusst zu haben sowie im Juni/Juli 1794 belastende Sachverhalte gegen die Häftlinge der Pariser Gefängnisse konstruiert zu haben. Am 7. Mai 1795 hingerichtet.

3,[21/22] *Revolutionstribunales:* Unter dem Eindruck der bedrängten außen- und innenpolitischen Lage beschloss der Konvent am 9. März 1793 die Bildung eines »tribunal criminel extraordinaire«, gegen dessen Urteile keine Berufung möglich war. Laut Dekret vom 11. März, dessen Verabschiedung durch einen eindringlichen Appell Dantons beschleunigt worden war, war es zuständig für die

Verfolgung aller Verbrechen gegen die Freiheit, Gleichheit, Einheit und Unteilbarkeit der Republik sowie gegen die Sicherheit des Staates. Die wesentlichen Abschnitte eines Prozesses waren: die Vereidigung der Geschworenen; Befragung des Angeklagten zur Person; Verlesung der Anklageschrift; Vereidigung und Befragung der Zeugen, wobei Richter, öffentlicher Ankläger und Geschworene jederzeit intervenieren und der Angeklagte jeweils am Ende einer Aussage Stellung nehmen konnten; die Plädoyers der Anklage und der Verteidigung sowie das Resümee des Gerichtspräsidenten; Beratung der Geschworenen; Befragung eines jeden Geschworenen durch den vorsitzenden Richter; Informierung des Angeklagten über das Votum der Jury und, im Falle des Schuldspruchs, Mitteilung des anzuwendenden Gesetzes durch den öffentlichen Ankläger; öffentliche Beratung der Richter über das Urteil und die Urteilsverkündung durch den vorsitzenden Richter. Nicht immer jedoch wurden diese Bestimmungen befolgt, und um politische Gegner zu beseitigen, wich das Gericht auch gezielt von der Strafprozessordnung ab. Nach dem Fouquier-Prozeß (vgl. Erl. zu 3,[20]), in dem auch die Rechtsbrüche im Dantonistenprozess eine wichtige Rolle spielten, wurde das Revolutionstribunal aufgehoben und seine Kompetenzen wurden an die Kriminalgerichte rückübertragen.

3,[22] *Dumas:* René-François Dumas (1753–94); einer der führenden Jakobiner des Département Jura. Kam im Juni 1793 nach Paris, wurde am 26. Sept. 1793 Vizepräsident, im April 1794 als Nachfolger Hermans Präsident des Revolutionstribunals und leitete vor allem den Hébertistenprozess sowie den Prozess gegen Dillon, Chaumette, Lucile Desmoulins u. a. (10.–13. April 1794). Am 27. Juli 1794 für verhaftet erklärt, am 28. Juli mit Robespierre hingerichtet.

3,[23] *Paris:* Nicolas Joseph Paris; vom 29. März 1793 bis 9. April 1794 Kanzleileiter und ab 10. Aug. 1794 Gerichtsschreiber beim Revolutionstribunal; von April bis Ende Juli / Anfang Aug. 1794 nach eigenen Angaben im Luxembourg-Gefängnis inhaftiert. Seit Febr. 1793 trug Paris mit amtlicher Genehmigung den Namen »Fabricius« (vgl. 26,25–33), um nicht mit einem namensidentischen Mörder verwechselt zu werden.

3,[26] *Laflotte:* Alexandre de Laflotte; bis Anfang Okt. 1793 diplomatischer Vertreter Frankreichs in Florenz, seit Ende März 1794 im Luxembourg-Gefängnis inhaftiert. Am 3. April 1794 zeigte er die angebliche Verschwörung Arthur Dillons und Philibert Simonds zu einem gegenrevolutionären Aufstand an und lieferte damit den Vorwand für den Prozess gegen Dillon, Simond, Lucile Desmoulins u. a. sowie für das Gerücht einer Verschwörung in den Pariser Gefängnissen, mit dessen Hilfe sich die Regierung im Juni/Juli 1794 weiterer Gefangener entledigte.

3,[27] *Julie:* Dantons Frau in erster Ehe (seit 9. Juni 1787), Antoinette-Gabrielle Charpentier (1761–93), starb während einer Mission Dantons in Belgien. In zweiter Ehe (seit 12. Juni 1793) war Danton mit Sébastienne-Louise Gély (1777–1858) verheiratet.

3,[28] *Lucile:* Lucile Laridon-Duplessis (1770–94) stammte aus dem wohlhabenden Bürgertum. Heiratete am 29. Dez. 1790 Desmoulins. Anders als Büchners Lucile verfolgte Lucile Desmoulins mit Interesse die politischen Ereignisse und bemühte sich im April 1794 um die Freilassung ihres Ehemanns. Aufgrund der Aussage Laflottes am 4. April 1794 inhaftiert und am 13. April mit Dillon, Simond, Chaumette u. a. zum Tode verurteilt.

3,[30] *Grisetten:* hier: Prostituierte; eigtl. jedoch »der Name für eine ganze Classe pariser Mädchen, welche, niedern Standes, die Prostitution mit einem gewissen Anstrich von Anstand und Ehrlichkeit zu verbinden wissen […], vorzüglich als Nähterinnen, Putzmacherinnen u. s. w. auf Arbeit gehen, dabei aber ledigen Herren, namentlich Studenten, die Wirthschaft führen und von der franz. Sitte gewissermaßen als die temporairen Ehefrauen ihres Freundes anerkannt sind. [...] Mancher gelingt es, die wirkliche [...] Ehefrau eines oder des andern Liebhabers zu werden; häufiger jedoch sinken sie, aus einer Hand in die andere übergehend, von Stufe zu Stufe, um in Elend und Gemeinheit zu enden« (Brockhaus 1843, VI,428 f.).

I/1

5,8 f. *Cœur ... Carreau:* die Spielkartenfarben Herz und Karo als Anspielung auf den seelischen (Herz) und den physischen (Geschlecht) Ort der Liebe.

5,9 *einem:* Dativ- statt Akkusativgebrauch z. B. nach »machen« gehört als südwestdeutscher Regionalismus zu Büchners Spracheigentümlichkeiten.

5,21 f. *Einander kennen? ... Schädeldecken aufbrechen:* Ähnliche Bilder begegnen auch in Shakespeare, *Lear* III/6: »Nun laßt sie Regan anatomiren und sehn, was in ihrem Herzen brütet« (Shakespeare 1825, VIII,343) und in Goethe, *Werther*, 27. Okt.: »Ich möchte mir oft die Brust zerreißen, und das Gehirn einstoßen, daß man einander so wenig seyn kann« (Goethe XVI,128).

5,26 *Schlagen Sie den Daumen nicht so ein:* die seit der Antike bekannte »Feige«, eine »obszöne Gebärde [...], bei der der Daumen durch Zeige- und Mittelfinger der geschlossenen Hand gesteckt wird« (L 3: *Handwörterbuch des deutschen Aberglaubens* II,1305–08).

5,34–6,2 *Du süßes Grab ... mein Grabgeläute ... mein Grabhügel:* möglicherweise angeregt durch das Bild in Shakespeare, *Heinrich VI.*, 3. Teil, II/5: »Hier diese Arme soll'n dein Leichenhemde, / Mein Herz dein Grabmal, süßer Junge, seyn: / [...] / Die Brust soll das Geläut' dem Todten seufzen« (Shakespeare 1821, VIII,250).

6,19 *rote Mütze:* der »bonnet rouge«; seit 1792 gewöhnliche Kopfbedeckung der Pariser Sansculotten und Symbol der Revolution.

6,19f. *heilige Jakob ein böses Gesicht:* Gemeint sind der Klub der Jakobiner, dessen Pariser Sektion seit Ende 1789 in der Kirche eines aufgehobenen Jakobinerklosters tagte, sowie die Auseinandersetzung zwischen den Jakobinern und Philippeaux, der im Dez. 1793 die Kriegsführung der Revolutionsregierung in der Vendée kritisiert hatte.

6,23–29 *Du parodierst ... Republikaner:* folgt dem bei Thiers VI,168 überlieferten Text Camilles aus dem *Vieux Cordelier*: »Und der göttliche Socrates fragte einst Alcibiades, als er ihn finster und nachdenkend sah, wahrscheinlich weil ein Brief Aspasia's ihn geärgert hatte: Was fehlt Dir? Hast Du deinen Schild in der Schlacht verloren? Bist Du im Laufe übertroffen worden, oder in der Fechtschule? Sollte einer an der Tafel des Feldherrn besser gesungen, oder die Leyer gespielt haben, als Du? – Dieser Zug malt die Sitten. Welche liebenswürdige Republikaner!« (Nach der Übers. von R. Mohl, VI,109.)

6,31 *Heute:* Der Zeitpunkt ist im historischen Sinn – ebenso wie für die Szenen I/2 bis I/4 – der 28. März 1794. Vgl. Erl. zu 24,29 »Morgen«.

6,32 *Hébertisten:* radikale Gruppe der Pariser Jakobiner mit Machtpositionen in den Sektionen, der Presse und dem Cordeliers-Klub; von den Dantonisten seit Anfang 1794 publizistisch angegriffen. Am 24. März 1794 wurden 19 Angehörige der hébertistischen Fraktion hingerichtet. Vgl. auch Erl. zu 31,29.

6,34 *Decemvirn:* eine aus zehn Männern bestehende Kommission, die 454 v. Chr. in Rom eingesetzt wurde, um die Gesetze der Republik zu kodifizieren. »Diese aber mißbrauchte bald ihre Gewalt [...] und erlaubte sich allerlei Frevel« (L3: *Allgemeine Realencyclopädie*

III,281). Hier daher – auch nach der historischen Überlieferung – abfällig (vgl. UZ XII,91) für den tatsächlich aus meist mehr als zehn Mitgliedern bestehenden Wohlfahrtsausschuss, das zentrale Organ der Revolutionsregierung.

7,1 *Antediluvianern:* zusammengesetzt aus lat. »ante« (›vor‹) und lat. »diluvium« (›Wasserflut‹); gemeint sind die vor der mosaischen Sintflut lebenden Menschen, die Urmenschen.

7,2f. *wieder auf allen vieren kröchen:* Anspielung auf Voltaires bekannte Äußerung in dem Brief an Rousseau vom 30. Aug. 1755, mit der er seine Reaktion auf die Lektüre von Rousseaus *Discours sur l'inégalité* schildert. Als deutsche Übersetzung kursierte: »V.[oltaire] antwortete unter vielen Schmeicheleien: ›Wenn ich Ihre Abhandlung durchlese, so kommt mir die Lust an, auf allen Vieren zu kriechen‹« (Brockhaus 1830, XI,777). – Zum Vorwurf der Zivilisations- und Fortschrittsfeindlichkeit an die Robespierristen vgl. vor allem den bei Thiers VI,166 wiedergegebenen Auszug aus dem *Vieux Cordelier*, in dem Desmoulins dem Wohlfahrtsausschuss indirekt vorhält, er werde Frankreich »zur Unwissenheit der alten Gallier zurückführen«.

7,3 *der Advokat von Arras:* abschätzig für Robespierre, der vor seiner Wahl in die Nationalversammlung Advokat in der nordfranzösischen Stadt war.

7,3f. *nach der Mechanik des Genfer Uhrmachers:* Gemeint ist Jean-Jacques Rousseau, der Sohn eines Genfer Uhrmachers war. Die ganze, im Manuskript nachgetragene Replik variiert eine sowohl gegen die Neojakobiner der frühen 1830er Jahre als auch gegen den herkömmlichen Gottesbegriff gerichtete Passage in Heines Anfang Februar 1835 erschienener *Geschichte der Religion und Philosophie in Deutschland*: »Wir sind mündig und bedürfen keiner väterlichen Vorsorge. Auch sind wir keine Machwerke eines großen Mechanikus. Der Deismus ist eine Religion für Knechte, für Kinder, für Genfer, für Uhrmacher« (*Der Salon* II,134 f.; vgl. DHA VIII,61 f.).

7,4 *Fallhütchen:* »ein ausgestopfter Bund, welcher kleinen Kindern um die Stirn befestiget wird, damit sie selbige im Fallen nicht verletzen« (Adelung 1796 II,30).

7,5 *Herrgott erfände:* In einer gegen den Atheismus der Hébertisten gerichteten Rede im Jakobinerklub (21. Nov. 1793, Thiers VI,14) hatte Robespierre Voltaires Satz »Wenn Gott nicht existierte, müsste man ihn erfinden« wörtlich zitiert.

7,7 *Marats:* Jean-Paul Marat (1743–93), populärer Verfechter der revolutionären Gewalt und der Übergangsdiktatur; trug durch seine wiederholten Mordaufrufe gegen Gegner der Revolution zu den Pariser Gefangenenmorden von Anfang Sept. 1792 bei; als Konventsabgeordneter Hauptangriffsziel der Girondisten, die ihm vorwarfen, mit Danton und Robespierre nach der Diktatur zu streben; am 13. April 1793 unter Anklage gestellt, am 24. vom Revolutionstribunal freigesprochen; am 13. Juli 1793 von Charlotte Corday erstochen.
An Marats Rechnung noch einige Nulln: Anspielung auf Marats zuerst im Juli 1790 in dem Maueranschlag »C'en est fait de nous« veröffentlichten Ausspruch: »500 oder 600 abgeschlagene Köpfe würden euch Ruhe, Freiheit und Glück sichern.« Von einer »Rechnung« spricht Marat selbst am 14. Jan. 1793 im *Journal de la République française*, und schon im *Ami du peuple* (Nr. 314 vom 18. Dez. 1790) hatte er seine Zahlen um eine »Null« und mehr erhöht.

7,11 *Gnadenausschuss:* Die Schaffung eines »comité de clémence« mit der Aufgabe, alle schwebenden Anklagen zu überprüfen, war eine zentrale Forderung von Desmoulins' Offensive gegen die »Terreur«; so überliefert in GH IV,117, bei Thiers VI,119 und in UZ XI,402 f.

7,12 f. *die ausgestoßnen Deputierten müssen wieder aufgenommen werden:* nach UZ XII,118 zentrale Forderung der Dantonisten; am 3. Okt. 1793 hatte der Konvent 41 Abgeordnete unter Anklage gestellt und die Ende Juli verfügte Ächtung von 20 flüchtigen Girondisten bestätigt. In derselben Sitzung waren etwa 75 Abgeordnete, die gegen die Verletzung der Legislative protestiert hatten, unter Arrest gestellt worden. Ende 1794 wurden diese Abgeordneten, 1795 die überlebenden geächteten Girondisten in den Konvent zurückberufen.

7,16f. *Die Revolution muss aufhören und die Republik muss anfangen:* Die Forderung ist im Zusammenhang mit den Absichten aller ›Gemäßigten‹ zu sehen, die republikanische Verfassung vom Juni 1793 in Kraft zu setzen. Diese war unmittelbar nach ihrer Verkündung bis zur Wiederherstellung des Friedens durch ein Dekret suspendiert worden, wonach »die einstweilige Regierung der Republik im Revolutionszustande bleiben solle, bis das Ende des Krieges [gegen die Invasionsarmeen Englands, Österreichs und Preußens] würde erschienen seyn« (UZ X,214).

7,18–20 *das Recht … an die der Strafe treten:* Umkehrung der in Robespierres Grundsatzrede vom 5. Febr. 1794 (Thiers VI,163) verkündeten Prinzipien: »Der Grundsatz des demokratischen Staates, sprach Robespierre, ist die Tugend, und sein Mittel während seiner Errichtung, der Schrecken. ›Wir wollen in unserem Vaterlande die Sittlichkeit anstelle der Selbstsucht; die Ehrlichkeit anstatt der Ehre, Grundsätze anstatt der Gebräuche, die Pflicht anstatt der Wohlanständigkeit‹« (nach der Übers. von R. Mohl, VI,105f.).

7,19f. *die Notwehr an die der Strafe:* Héraults Gegenüberstellung von »Strafe« und »Nothwehr« wird erneuert in der Auseinandersetzung zwischen Danton und Robespierre über »Notwehr«, »Mord« und »Strafe« (25,8–28) sowie in Dantons Reflexionen über das staatliche Recht auf Selbsterhaltung in II/5, vgl. 42,31 »Mord« und 42,34 »das war Notwehr«.

7,22f. *gebildet oder ungebildet:* vgl. Büchners Briefe an die Eltern vom Febr. 1834: »Ich verachte Niemanden, am wenigsten wegen seines Verstandes oder seiner Bildung«, und an Gutzkow, 31. Mai / 1. Juni 1836: »Sie werden nie über den Riß zwischen der gebildeten und ungebildeten Gesellschaft hinauskommen«.

7,23f. *durchsichtiges Gewand ... dicht an den Leib des Volkes schmiegt:* entspricht dem Äußeren griechischer Statuen, über die Winckelmann 1755 in den *Gedanken über die Nachahmung der griechischen Werke in der Malerei und Bildhauerkunst* (Winckelmann I,29) schreibt, es sei »nach dünnen und nassen Gewändern gearbeitet, die sich [...] dicht an die Haut und an den Körper schließen«. – Über Camilles Satz »Die Staatsform [...] nach Belieben zuzuschneiden« merkt Wilhelm Schulz 1851 an, dies »war auch seine [d. i. Büchners] Meinung« (zit. nach L5: Grab 1985, S. 70).

7,26–28 *Jeder muss ... stören darf:* Der ganze Satz ist erst in der letzten, durch Büchners Heine-Lektüre angeregten Überarbeitung (vgl. Einleitung, S. 19f.) am Rand der Handschrift hinzugefügt.

7,32–34 *Die Gestalt mag nun ... sein wie sie ist:* vermutlich angeregt durch Goethes Übersetzung von *Diderots Versuch über die Mahlerey* und seinen Kommentar dazu. Diderot hatte geschrieben: »Die Natur macht nichts Incorrectes. Jede Gestalt, sie mag schön oder häßlich seyn, hat ihre Ursache, und unter allen existirenden Wesen ist keins, das nicht wäre, wie es seyn soll.« Goethe kommentierte: »Die Natur macht nichts Inconsequentes, jede Gestalt, sie sey schön oder häßlich, hat ihre Ursache, von der sie bestimmt wird, und unter allen organischen Naturen, die wir kennen, ist keine, die nicht wäre, wie sie seyn kann. So müßte man allenfalls den ersten Paragraphen ändern, wenn er etwas heißen sollte« (Goethe XXXVI,214).

8,1–9 *Wir wollen nackte Götter ... Türsteher der Repu-*

blik werden: als Textergänzung auf der letzten Bearbeitungsstufe hinzugefügt (vgl. MBA III.2, Editionsbericht, 193 ff., 222 f. und 271); angeregt durch die zentrale Formulierung des sensualistischen Programms in Heine, *Zur Geschichte der Religion und Philosophie in Deutschland* (*Der Salon* II,133 f.; vgl. DHA VIII,61; zit. oben S. 19 f.).

8,2 f. *ach, die gliederlösende, böse Liebe:* vermutlich angeregt durch Herders Wiedergabe eines Liedes der Sappho: »Ach, die Gliederlösende böse Liebe quält mich« (»Fragmente Griechischer Lieder«, in: *Stimmen der Völker in Liedern*, S. 170).

8,4 *den Römern:* Gemeint sind die Anhänger Robespierres, denen gegenüber Camille seine Freunde zu »Griechen« stilisiert. – Thiers zufolge gehörte es zur Argumentationsmethode von Desmoulins' *Vieux Cordelier*, »die römische Geschichte zu einem schrecklichen Bild der Vorgänge in Paris« zu benutzen und im Kontrast die »Charmante démocratie [...] d'Athènes« als Vorbild zu preisen (Thiers VI,119 und 167).

8,7 *Epikur:* Die Berufung auf den griechischen Philosophen Epikur (341–270 v. Chr.) gehört zu den Kurzformeln des Programms der Dantonisten, dessen epikureische Elemente im Drama viel breiter entfaltet werden als in den historischen Quellen. Unter diesen teilt UZ XII,178 mit, Robespierre habe den »Epikuräismus Dantons« missbilligt und den »Atheismus wirklich verabscheut«. – Zu verschiedenen Elementen der epikureischen Philosophie gehören im Drama Bestimmungen über individuelle Freiheitsrechte und deren Grenzen (vgl. 7,26–28 »jedoch so, dass keiner auf Unkosten eines andern genießen oder ihn in seinem eigentümlichen Genuss stören darf«), die Ableitung aller Handlungen aus der Selbstliebe (vgl. 26,16 f. »Jeder handelt seiner Natur gemäß d. h. er tut, was ihm wohl tut«), die Relativierung des Moralbegriffs (vgl. z. B. 26,12 »Du leugnest die Tugend?«), die Undenkbarkeit einer göttlichen Schöpfung (vgl. Erl. zu 50,12) und die Sterblichkeit der Seele (vgl. Erl. zu 57,4–6). Prinzipien der epikureischen Philosophie vertreten Payne und, abgesehen von seiner Todesfurcht, Danton selbst.

8,7f. *Venus mit dem schönen Hintern:* Venus Kallipygos (griech.), in der Kunstgeschichte bekanntes Beiwort der Venus; »von der Venus Kallipygos sind gewöhnlich nur Rücken und Hintertheile mit vorzüglicher Kunst bearbeitet« (Brockhaus 1830, XI,611). Als »Vénus aux belles fesses« auch bei Mercier V,222.

8,8 *Chalier:* Marie-Joseph Chalier (1747–93) führte am 6. Febr. 1793 einen vom Konvent nachträglich unterstützten Aufstand der Manufakturarbeiter gegen die Stadtregierung von Lyon; nach der antijakobinischen Erhebung der Stadt am 29. Mai 1793 verhaftet und am 16. Juli hingerichtet. Den Jakobinern galten Chalier und Marat als Märtyrer der Revolution; nach Thiers VI,202 sprachen Jakobinergegner spöttisch von den »Heiligen Marat und Chalier«.

8,18–22 *die ehrlichen Leute … den ehrlichen Leuten:* Nach Nodier (*Souvenirs* I,69 und 191) war »honnêtes gens« Robespierres Bezeichnung für die in ihrem Abstimmungsverhalten schwankende, »reine, aber flexible und übervorsichtige« Konventsmehrheit, »die viele private Tugenden, aber wenig politische Kräfte in sich schloß«. Erscheint nach dieser Quelle Philippeaus Replik als klare politische Strategie – Danton müsse bei dem »Angriff im Konvent« (8,10) die moderierte Mehrheitsfraktion, »die ehrlichen Leute«, für sich gewinnen –, so legt Dantons Antwort nahe, dass er unter dem Begriff einen allgemein ›philiströsen‹ Sozialcharakter versteht.

8,28 *gespreizte Catonen:* So pflegt man »einen weisen, ernsthaften Mann, von strengen Sitten, Un Caton, einen Cato, zu nennen« (L3: *Nouveau Dictionnaire* I,254).

8,34–36 *die Statue … verbrennen:* mehrfach (GH IV,117,

Nodier, *Dernier banquet* 97 u. ö.) überlieferter Ausspruch Dantons; bei Nodier eingeführt als »prophétie de Danton«. Danton bezieht sich auf die Tatsache, dass auf der Place de la Révolution 1792 anstelle einer Reiterstatue Ludwigs XV. eine Freiheitsstatue aus Gips aufgestellt wurde.

I/2

9,8 *Kuppelpelz:* nach L3: *Deutsches Schimpfwörterbuch*, S. 38: »Kuppler«, »Kupplerin«.

9,8f. *Sublimatpille:* Pille aus Quecksilberchlorid, die im 19. Jh. zur Behandlung der Syphilis benutzt wurde.

9,13 *Römer:* Die Selbststilisierung Simons zum »Römer« entspricht der bekannten Römerimitation französischer Revolutionäre.

9,14 *Vestalin:* »Vestalinnen« hießen die »Priesterinnen der Vesta«, die »30 Jahre im Tempel dienen, daselbst das von Numa angeordnete immerwährende Feuer unterhalten und Gebete und Opfer für das Wohl des Staats verrichten« mussten. »Bei ihrer Aufnahme legten sie das Gelübde der Keuschheit ab; Diejenige aber, welche es verletzte, wurde lebendig begraben« (Brockhaus 1833, XI,728). – Außerdem vermutlich Ausdruck für Prostituierte.

9,21 *Bürger:* Im Unterschied zu »Herren« (vgl. 35,10 u. ö.) partizipiert der Begriff »Bürger« hier an der revolutionären Wortbedeutung des »citoyen« als des politisch aktiven Bürgers.

9,28–30 *Virginius … ein Messer, Römer:* nach Livius (III,44–48) erstach Virginius, ein angesehener Plebejer, seine Tochter Virginia auf dem Forum, da der Patrizier und Dezemvir Appius Claudius sie sonst in seine Gewalt gebracht hätte. Das Motiv begegnet auch in Dramen, die sich direkt oder indirekt auf die Virginia-Tradition beziehen, so in Lessing, *Emilia Galotti* V/7 oder in Schiller, *Fiesko* I/10.

9,28f. *Der Rabe Schande … hackt nach deinen Augen:* möglicherweise bildlich für die Situation eines Gehenkten oder nach AT Sprüche 30,17: »Ein Auge, das den Vater verspottet, und verachtet, der Mutter zu gehorchen, das müssen die Raben am Bach aushacken, und die jungen Adler fressen.«

9,33–10,3 *Dann geht er mit dreien … bis das dritte selbst wieder fällt:* obszöne Umdeutung des vorangehenden Satzes »der Schnaps stellt ihm gleich ein Bein« mit der geläufigen Verwendung von »das dritte Bein« in der Bedeutung von Penis und »auf drittem Bein gehen oder stehen« in der Bedeutung von koitieren (vgl. Ernest Bornemann, *Sex im Volksmund. Die sexuelle Umgangssprache des deutschen Volkes. Wörterbuch und Thesaurus*, Reinbek 1971).

10,4f. *Vampirzunge … wärmstes Herzblut:* »Vampyr ist der Name der größten Art der Fledermäuse«, die gelegentlich »auch Thiere und selbst Menschen« anfalle, »wenn sie schlafen. Sie fliegen nämlich in die Zimmer, lecken mit ihrer Zunge die entblößten Füße des Schlafenden, bis sie wund werden, und saugen ihnen das Blut aus, daher sie auch Blutsauger genannt werden« (Brockhaus 1833, XI,583).

10,12 *deines Mannes Nase:* wohl auch sexuelle Anspielung entsprechend der geläufigen Parallelsetzung von Nase und Penis.

10,14 *braves Mädchen:* »brav« hier noch in der älteren Bedeutung von »tüchtig, tapfer« (Grimm II,339).

10,16 *Judas:* »Der name ›Judas‹ wird gebraucht für einen heimtückischen menschen […]; auch für falschheit« (Grimm X,2351). Hier wohl mit der spezifischen Konnotation von ›Heuchler‹.

10,25 *Lucretia:* Frau des Patriziers Tarquinius Collatinus, tötete sich nach ihrer Vergewaltigung durch Sextus, den ältesten Sohn des römischen Königs Tarquinius Superbus, und veranlasste dadurch 509 v. Chr. die Vertreibung der Tarquinier und »daß Rom in einen Freistaat umgewandelt wurde« (Brockhaus 1833, XI,43).

10,26 *Appius Claudius:* vgl. Erl. zu 9,28–30 »Virginius … ein Messer, Römer«.

10,27–11,15 *Erster Bürger … kein Loch im Rock hat:* Inhalt und Rhetorik der Agitationsreden des 1. und des 3. Bürgers stimmen mit denen des *Hessischen Landboten* weitgehend überein. Vgl. auch Büchners Brief an Gutzkow, vermutlich Okt. 1835: »Die ganze Revolution […] muß von der ungebildeten und armen Klasse aufgefressen werden; das Verhältniß zwischen Armen und Reichen ist das einzige revolutionäre Element in der Welt«.

10,31 *Kollern:* in der Bedeutung von »lauten Geräuschen in den Gedärmen« in Südhessen weit verbreitet (vgl. L3: *Südhessisches Wörterbuch* III,1605).

10,34 *Ergo:* vermutlich angeregt durch Shakespeare, *Heinrich VI.*, 2. Teil, IV/2 (vgl. Dok. 7, S. 159f.).

10,35f. *ihr habt's erworben und sie haben's gestohlen:* dass der Besitz der Reichen aus dem »Diebstahl« an den unmittelbaren Produzenten hervorgeht, gehört zu den zentralen Argumenten des *Hessischen Landboten* (vgl. GW I,[2]).

11,3f. *Sie haben kein Blut … ausgesaugt:* fast textgleich mit dem *Hessischen Landboten*: »Hebt die Augen auf und zählt das Häuflein eurer Presser, die nur stark sind durch das Blut, das sie euch aussaugen« (GW I,8).

11,4–11 *Sie haben uns gesagt … auf nackten Beinen und frieren:* Mercier (II, Kap. 155), aus dessen Darstellung Büchner in dieser Replik einige Elemente übernimmt, erklärt die Aufstände und die Selbstjustiz der Pariser Sansculotten mit Einwirkungen von Agitatoren, die im royalistischen oder ausländischen Interesse den öffentlichen Geist korrumpiert und das Volk zu Taten aufgewiegelt hätten, die am Ende doch nur den Tätern schadeten.

11,7 *das Veto:* Die Verfassung von 1791 hatte dem König ein Vetorecht gegen Gesetzesbeschlüsse zuerkannt. Die Bezeichnung »Veto« für den König selbst ist im 19. Jh. noch gebräuchlich.

wir haben das Veto totgeschlagen: Gemeint ist vor allem der Pariser Sansculottenaufstand vom 10. Aug. 1792, durch den die Monarchie gestürzt wurde.

11,8 *Girondisten:* »Die Abgeordneten aus dem Departement der Gironde; später aber gab man allen denjenigen, die gemäßigte Gesinnungen hatten, diesen Namen« (*Alphabetisches Verzeichniß [...]* zu UZ, Heft 26, S. 8). – Zu den Girondisten zählten ca. 140 Konventsabgeordnete. Als führend galten Jacques Pierre Brissot (vgl. Erl. zu 46,9f.) und das Ehepaar Roland. Seit März 1792 und erneut seit dem 20. Juni 1792 stellte die Fraktion eine Reihe von Ministern. Seit Herbst 1792 wurden sie zu Hoffnungsträgern sowohl der Besitzenden als auch der politischen Gegner der Republik. Auseinandersetzungen mit der Pariser Stadtverwaltung und den Sektionen, Inflation und Versorgungskrise, die militärischen Rückschläge, der Verrat des den Girondisten zugerechneten Generals Dumouriez (vgl. Erl. zu 46,9) sowie taktische Fehler im Kampf gegen politische Gegner führten zu ihrer Entmachtung, die auch Danton und Desmoulins betrieben hatten. Am 3. Okt. 1793 beschloss der Konvent die Anklageerhebung gegen 40 Abgeordnete, davon 19 in Abwesenheit. 21 Girondisten wurden am 24. Okt. 1793 vor das Revolutionstribunal gestellt, am 30. zum Tode verurteilt und am folgenden Tag hingerichtet.

die Girondisten hungern euch aus: Amar (vgl. Erl. zu 3,[16]) hatte den Girondisten am 3. Okt. 1793 vorgeworfen, sich mit England und Preußen zur Wiederherstellung der Monarchie verschworen und u. a. zu dem Mittel gegriffen zu haben, »die Nahrungsmittel auf[zu]kaufen, das Volk aus[zu]hungern« (UZ X,243).

11,8–10 *wir haben die Girondisten guillotiniert. Aber sie haben die Toten ausgezogen:* Mit der Entgegensetzung von »wir« und »sie« argumentiert der sansculottische Bürger gegen die Revolutionsregierung oder den Konvent als solchen, nicht mehr gegen einzelne seiner Fraktionen.

11,16f. *wer lesen und schreiben kann:* Die Wut auf die Schriftfähigen geht historisch u. a. darauf zurück, dass das verschriftlichte Justizwesen zu den wesentlichen Machtmitteln der absolutistischen Staaten gehörte. – Der hier hervorgehobene Klassenunterschied ist ebenso wie andere in der Szene vorhandene Elemente – etwa die Losung »Totgeschlagen« – vermutlich angeregt durch die Hans-Cade-Szenen IV/2 und IV/8 in Shakespeare, *Heinrich VI.*, 2. Teil (Shakespeare 1821, VIII,123ff. und 151ff; vgl. Dok. 7, S. 159f., sowie Dok. 8, S. 161f.).

11,18 *wer auswärts geht:* das »auswärts Gehen« in der Bedeutung »Die Füße im Gehen auswärts setzen« (Campe I,350) deutet auf die für den Adel offenbar charakteristische Art, mit nach außen gerichteten Fußspitzen zu gehen.

11,20–12,8 *einen jungen Menschen … Er entwischt:* Die Episode ist angeregt durch eine ähnliche historisch belegte Anfang Aug. 1792 (vgl. UZ V,116f.).

11,21 *Schnupftuch:* weiteres Merkmal des Klassenunterschiedes; vgl. Grimm XV,1392: »das schnupftuch galt besonders in früherer zeit als zierstück, mit feineren schnupftüchern wurde groszer luxus getrieben«.

11,25 *Eine Laterne wird heruntergelassen:* Die Laternen waren mit einem Seil, das über einen Laufmechanismus lief, an hölzernen oder eisernen Trägern befestigt, was das Herablassen ermöglichte.

11,29–32 *Die da liegen … in der Gruft:* Schlussverse aus dem »Straßenräuberlied«, das Büchners Gießener Kommilitone Carl Vogt in seinen Erinnerungen aufgezeichnet hat (*Aus meinem Leben*, Stuttgart 1896, S. 83).

Büchners Freund August Becker soll das von ihm unter den Studenten verbreitete Lied »von den Geizen selbst gelernt« haben, d. h. von Mitgliedern der Schäferfamilie Geiz, die wegen des Überfalls auf einen Postwagen 1822 festgenommen und 1824 in Gießen hingerichtet worden waren.

11,36 *Unser Leben ist der Mord durch Arbeit:* vgl. Büchners Satz im *Hessischen Landboten* (GW I,[1]): »Das Leben des Bauern ist ein langer Werktag.« – Ludwig Büchner zitierte 1850 den ganzen Satz »Unser Leben [...] uns losschneiden« mit der Bemerkung, sein Bruder habe ihn »[i]n ›Danton‹ [...] den Proletarier ausrufen« lassen, und wertete ihn als Beleg für die Beurteilung, Büchner sei, »[w]as seinen politischen Charakter anlangt, [...] noch mehr Socialist, als Republikaner« gewesen (*Nachgelassene Schriften* 48).

12,1 *zapplen:* ältere, z. B. luthersprachliche (vgl. Grimm XXXI,276f.) und südhessische Form von »zappeln«.

12,4f. *ihr werdet deswegen nicht heller sehen:* in UZ I,508f. überlieferte Pointe: »Eines Tages als man ihm [d. i. Abbé Maury] zurief: ›An die Laterne mit dir, du Despotenknecht!‹ drehte er sich um und sagte: ›Ihr werdet deßhalb doch nicht heller sehen wie jetzt.‹«

12,10 *Ohnehosen:* frz. »sansculottes«; eigtl. ›ohne Kniehosen‹, wie sie die Adligen trugen. »Sansculotte, wörtlich ein Mensch, der keine Beinkleider hat, ward während der franz. Revolution der Spottname, den die aristokratische Partei der patriotischen beilegte.« Aus dem »Spottnamen« wurde jedoch ein »Ehrenname« und »[e]ine Zeit lang war es in Frankreich guter Ton, für einen solchen zu gelten« (Brockhaus 1833, IX,645).

12,12f. *Tropfen Bluts vom August und September:* Gemeint sind die Volksaufstände vom 10. Aug. und Anfang Sept. 1792.

12,14 *Die Guillotine ist zu langsam:* möglicherweise Anspielung auf das Gesetz über die Einrichtung des Revolutionstribunals vom 11. März 1793, das in Titel II, Art. 2 bestimmte, dass der Besitz von zum Tode Verurteilten an die Republik fiel.

12,21–13,5 *Was ist das Gesetz … unentrinnbar:* Der 1. Bürger bezieht sich vermutlich auf Bestimmungen der absoluten Volkssouveränität in Rousseau, *Le Contrat social*, vor allem in Buch 1, Kap. 7, Robespierre im Gegenzug auf eine Stelle im 2. Buch, Kap. 6. Rousseau definiert Gesetze als »Handlungen des allgemeinen Willens« (»actes de la volonté générale«); das Volk sei deren »Urheber« und behalte das unveräußerliche Recht, Inhaber der Exekutivgewalt ein- oder abzusetzen, die Gesetze zu verändern oder zu übertreten sowie möglicherweise den gesetzlichen Zustand überhaupt aufzuheben, ein Recht, das der 1. Bürger in seiner Replik 12,23–26 offenbar in Anspruch nimmt. Die Volksaufstände vom 31. Mai und 2. Juni 1793 waren mit diesem Recht legitimiert worden, und Art. 35 der »Erklärung der Menschen- und Bürgerrechte« vom 24. Juni 1793 übertrug dem »Volk« danach eine »unabweisliche Pflicht« zum Widerstand gegen Tyrannei. Robespierre bezieht sich in seiner Replik 12,33–13,7 dagegen auf andere Überlegungen Rousseaus, denen zufolge »das Volk« »das Gute« zwar »immer will«, aber nicht immer »sieht«. Deshalb müsse man es »die Gegenstände manchmal sehen lassen wie sie sind, manchmal wie sie erscheinen«. Daraus folge die »Notwendigkeit des Gesetzgebers«.

12,27 *Aristides:* Aristeides (lat. Aristides), um 530–467 v. Chr., »der Gerechte genannt« (Brockhaus 1833, I,387), war Mitorganisator des Attischen Seebunds. Berühmt ist sein Tod in Armut.

12,29 *Messias:* »Vornehmlich ward von den Juden derjenige […] Messias genannt, von welchem sie erwarteten, daß er sie […] zu dem herrschenden Volke erheben und ein goldenes Zeitalter herbeiführen werde« (Brockhaus 1833, VII,315.). – Tatsächlich wurde Robespierre am

27. Juli 1794 vom Mitglied des Sicherheitsausschusses Vadier der Verwicklung in eine gegenrevolutionäre Verschwörung bezichtigt und ihm zum Vorwurf gemacht, er habe messianische Tendenzen unterstützt, wenn nicht selbst vertreten.

12,30f. *mit der Schärfe des Schwertes schlagen:* biblisch häufige Wendung (z. B. AT 1. Mose 34,26; 4. Mose 21,24; 5. Mose 20,13).

12,33 *Armes, tugendhaftes Volk:* als Anrede Robespierres überliefert z. B. in UZ I,309.

12,33f. *Du tust ... deine Feinde:* geringfügige Variation einer in UZ V,483 überlieferten Anrede Billauds an die an den Septembermassakern Beteiligten.

13,12 *Baucis:* mit den folgenden »Porcia« und Susanna (vgl. 13,20 »Sannchen«) die erste in einer Reihe vorbildlicher Frauen. Philemon und Baucis sind »ein wegen seiner noch im hohen Alter treuen Liebe im griech. Alterthume berühmt gewordenes Ehepaar« (Brockhaus 1833, VIII,501).

13,12f. *du sammelst Kohlen auf mein Haupt:* biblisch häufig, z. B. AT Sprüche 25,22: »du wirst Kohlen auf sein Haupt häufen«; NT Römer 12,20: »feurige Kohlen auf sein Haupt sammeln«.

13,15f. *Ha ... Porcia:* angesichts der vielen Zitate des Souffleurs Simon eine Entlehnung von Cassius' bestürztem Ausruf bei der Nachricht von Portias Tod in Shakespeare, *Julius Cäsar* IV/3: »Ha! Portia!« (Shakespeare 1821, II,117). – Porcia, gest. 43 v. Chr., war die Gemahlin des Caesar-Mörders Marcus Junius Brutus. Sie »steht in der Geschichte als ein Muster ehelicher Liebe und heldenmüthigen Patriotismus da. Das ihrem Gatten abgewonnene Geheimniß der Verschwörung gegen Cäsar bewahrte sie treu und entsagte muthig dem Leben, als sie die Sache der Republikaner verloren sah« (Brockhaus 1833, VIII,721).

13,16–19 *Schlug ich dich ... verleugnet's:* Simon variiert

Hamlets Abbitte an Laertes in Shakespeare, *Hamlet* V/2: »Wars Hamlet, der Laertes kränkte? Nein! / Wenn Hamlet von sich selbst geschieden ist, / Und weil er nicht er selbst, Laertes kränkt, / Dann thut es Hamlet nicht, Hamlet verläugnets. / Wer thut es denn? Sein Wahnsinn. Ist es so, / So ist er ja auf der Gekränkten Seite: / Sein Wahnsinn ist des armen Hamlets Feind« (Shakespeare 1821, III,353).

13,20 *Sannchen:* Susanna, die schöne, keusche und »gottesfürchtige« Heldin des apokryphen Zusatzes zum Buch Daniel (AT), wurde von zwei lüsternen jüdischen Ältesten und Richtern aus Rache des Ehebruchs beschuldigt, zum Tode verurteilt, durch den jungen Daniel aber gerettet.

I/3

13,25 *Jakobinerklub:* Der Ende 1789 gegründete Pariser Jakobinerklub – so von seinen Gegnern benannt nach seinem Sitz in einem Jakobiner- bzw. Dominikanerkloster – rekrutierte sich auch aufgrund der hohen Aufnahme- und Mitgliedsgebühren überwiegend aus dem Bürgertum. Unter dem Einfluss der Volksbewegung und der außenpolitischen Ereignisse wandelte er sich zur republikanischen Gegenmacht (1791–93) und zum entscheidenden Beratungs- und Kommunikationsorgan der Jakobinerdiktatur (1793/94).

13,26 *Lyon:* Eine seit Mitte der achtziger Jahre andauernde und durch die Revolution verschärfte Absatzkrise in der Lyoner Textilindustrie, Massenarbeitslosigkeit und Verelendung waren die wichtigsten Ursachen für den Konflikt zwischen den radikalen Jakobinern der Stadt und der seit 1791 gemäßigten Stadtregierung. Eine auf Intervention des Konvents im März 1793 konstituierte jakobinische Stadtregierung wurde am 29. Mai gestürzt. Im Aug. 1793 begann die Belagerung der »ville rebelle«, am 9. Okt. kapitulierte sie nach mehrwöchiger Blockade und Bombardierung. Zwischen Nov. 1793 und April 1794 gingen dann die Konventskommissare mit außerordentlicher Härte gegen die Stadt vor und unterwarfen sie einer Art Kriegskommunismus.

13,28 *Ronsin:* Charles Philippe Ronsin (1751–94); 1793 im »Vendée-Krieg« Brigadegeneral, führte Truppen gegen das aufständische Lyon. Nach Angriffen von Fabre d'Églantine und Desmoulins wurde der äußerst radikale Ronsin auf Konventsbeschluss mit anderen Hébertisten (vgl. Erl. zu 6,32) vom 17. Dez. 1793 bis 2. Febr. 1794 inhaftiert, am 14. März 1794 neuerlich verhaftet und am 24. März hingerichtet.

13,30 *Chaliers:* vgl. Erl. zu 8,8 *Chalier.*

14,3 *die Flotten Pitts:* William Pitt (1759–1806), 1783 bis 1801 und 1804–1806 englischer Premierminister; politischer Architekt der gegen das revolutionäre Frankreich gerichteten Koalition. »Seit der Convent England den Krieg erklärt hatte, beharrte P. auf dem Grundsatze, daß mit den jakobinischen Machthabern in Frankreich an keinen Frieden zu denken sei. Dafür wurde er von dem Convente feierlich für den Feind des menschlichen Geschlechts erklärt« (Brockhaus 1833, VIII,587f.). – Vor der englischen Mittelmeerflotte kapitulierte Ende Aug. 1793 die Stadt Toulon; die Rückeroberung gelang im Dez. 1793.

14,9f. *Männer des 10. August, des September und des 31. Mai:* »M ä n n e r v o m 1 4. J u l i [1789], vom 10. August [1792] und vom 31. Mai [1793] werden diejenigen genannt, welche die Waffen zu diesen verschiedenen Epochen der französischen Revolution ergriffen hatten« (*Alphabetisches Verzeichniß […]* zu UZ, Heft 26, S. 10). – Im Rekurs auf solche Tage des Aufstands äußert sich – mit dem positiven Bezug auf den Sept. 1792 – eine spezifisch sansculottische Radikalität.

14,10 *Gaillard:* enger Freund Chaliers; aus ungeklärten,

vermutlich politischen Gründen beging Gaillard um den 18. Dez. 1793 Selbstmord. Collot d'Herbois und Robespierre nutzten seinen Freitod als Argument gegen die Gemäßigten.

14,11 *Dolch des Cato:* Marcus Porcius Cato Uticensis (95–46 v. Chr.) galt als einer der eindrucksvollsten Repräsentanten stoisch-altrepublikanischen Römertums. Er wird 1830 in Büchners »Kato«-Rede als Freiheitsheld bezeichnet, der »sich das Schwert in die Brust stieß, um unter Sclaven nicht leben zu müssen« (*Schülerschriften* 615; vgl. HA II,29).

14,13 *Becher des Sokrates:* Der Tod des griechischen Philosophen (469–399 v. Chr.) durch einen Becher mit giftigem Schierling (eine der Hinrichtungsarten im antiken Griechenland) galt als herausragendes Beispiel gelassener Todesbereitschaft (vgl. Brockhaus 1833, X,335).

14,16–19 *Leute, die ... nach dem Diktionär der Akademie sprechen:* weiteres Merkmal des Klassenunterschiedes (vgl. Erl. zu 11,16f., 11,18 und 11,21); die Académie française gab das periodisch erscheinende *Dictionnaire de l'Académie française* heraus, das »gleichsam officielle Lexikon der franz. Sprache« (L3: *Rheinisches Conversations-Lexicon* I,263).

14,21 f. *doppelten Märtyrertum:* Anspielung auf Marats Ermordung am 13. Juli 1793 und auf die bevorstehende Zerstörung seiner Büsten.

14,22 *in effigie:* Variation des gerichtssprachlich üblichen »in effigie hängen ›die Exekution am Bildnis des Verurteilten vollziehen, weil man seiner Person nicht habhaft werden kann‹« (Hans Schulz, *Deutsches Fremdwörterbuch*, Bd. 1, Straßburg 1913, S. 287); hier: symbolische Exekution von Toten.

14,36 *Medusenhäupter:* »Méduse, [...] eine der drei Gorgonen, welche der Minerva den Rang in der Schönheit streitig machen wollte, daher diese aus Rache ihre Haare in Schlangen verwandelte, und ihren Augen die Kraft gab, alle, die sie ansahen, in Steine zu verwandeln« (L3: *Nouveau Dictionnaire* II,230).

15,3–17,29 *Wir warten nur … seid nicht grausam:* Büchner greift im Wesentlichen auf drei historische Reden von 1794 zurück: die Robespierres im Jakobinerklub am 21. März (Thiers VI,196f.) und im Konvent am 5. Febr. (UZ XII,22–57), »worinn er die Grundsätze einer politischen Moral entwickelte« (UZ XII,22), sowie den Bericht Saint-Justs im Konvent vom 26. Febr. (UZ XII,71–74) »über die Verhaftungen« (UZ XII,71); vgl. Dok. 1, S. 145–147.

15,17 *eine dieser Faktionen:* die am 24. März 1794 hingerichteten Hébertisten (vgl. Erl. zu 6,32).

15,21f. *Sie erklärte … dem Eigentum den Krieg:* Der erste und quellenabhängige Teil des Vorwurfs – »der Gottheit […] den Krieg« – bezieht sich auf die hébertistische Kampagne gegen die christliche Religion; der zweite, nicht unmittelbar quellenabhängige Vorwurf der Kriegserklärung gegen das »Eigentum« ist in seinem historischen Bezug mehrdeutig. UZ XI,205f. stellt in Anlehnung an Thiers (V,469) die Dechristianisierungskampagne zugleich als Angriff auf das kirchliche Eigentum dar. Denkbar ist auch ein Bezug auf die den Hébertisten unterstellte Parteinahme für die Verteilung des Bodens an Kleineigentümer.

15,22 *Diversion:* Ablenkungsmanöver; vorwiegend kriegsstrategisch »die Ablenkung oder Abziehung von einem Gegenstande, mittelst Vorhaltung anderer Gegenstände« (L3: *Nouveau Dictionnaire* I,605).

16,21f. *In einer Republik … Fremde sind Feinde:* Robespierre hatte in seiner Rede vom 5. Febr. 1794 die Royalisten und ihre Verbündeten – und damit die Gegner der Jakobinerrepublik – als »Fremde oder vielmehr Feinde« bezeichnet und ihnen das Staatsbürgerrecht abgesprochen.

16,25f. *nach England oder nach Östreich:* die führenden

Mächte der seit 1792 gegen Frankreich kämpfenden europäischen Koalition.

16,36 *rote Mützen:* vgl. 6,19 »rote Mütze« mit Erl.

17,14 *den Tacitus parodiert:* Tacitus (um 55–116) hatte in den *Annales* die Tyrannei römischer Kaiser geschildert. Desmoulins verfasste im *Vieux Cordelier* vom 15. Dez. 1793 eine Satire auf die Forderungen nach Verschärfung der »Terreur«, die er einleitend als »copie ébauchée et grossière des tableaux de Tacite« bezeichnete (L7: *Le Vieux Cordelier* 47), und rückte damit die Jakobinerdiktatur in die Nähe der römischen Tyrannei.

17,15 *Sallust … Catilina travestieren:* Catilina (gest. 62 v. Chr.), der »Sprößling einer patricischen Familie«, zu dessen jugendlichen »Vergnügungen« »Mord, Brand und Raub« gehörten, leitete eine Verschwörung mit dem Ziel, »Rom in Brand zu stecken und die Einwohner niederzumetzeln«. Die Verschworenen wurden von dem damaligen Consul Cicero festgenommen und unter Umgehung der »darauf Bezug habenden Gesetze« hingerichtet (Brockhaus 1830, II,509–511). Die Darstellung dieser Ereignisse in Sallusts (86–35 v. Chr.) *De coniuratione Catilinae* gehörte zur Schullektüre. Indem Robespierre droht, »mit dem Sallust [zu] antworten«, rückt er Desmoulins in die Nähe des Catilina.

I/4

18,6 *Stutzern:* »Eine Person, welche stutzet, in schönen Kleidern etc. pranget«; meist »verächtlich gebraucht« (Campe IV,743).

18,8f. *ein Schatten, der sein Original … ermordet:* Legendre galt als »imitateur« (Thiers V,112) Dantons.

18,12 *wieder betrunken:* Collots Trunksucht ist häufiger überliefert.

18,23 *Revolutionsplatz:* Die 1792 von »Place Louis XV« in »Place de la Révolution« umbenannte heutige »Place de la Concorde« war von 1793 bis zum 8. Juni 1794 Standort der Guillotine.

18,26 *Decemvirn:* vgl. 6,34 »Decemvirn« mit Erl.

18,28 *Minotaurus:* »der Sage nach ein Sohn der Pasiphae, der Gemahlin des Minos, und eines Stiers. Er hatte Menschengestalt mit einem Stierkopfe und nährte sich von Menschenfleisch, weshalb Minos [ihm] […] die von Athen jährlich als Tribut zu liefernden Jünglinge und Mädchen zur Speise vorwarf, bis endlich Theseus […] ihn tödtete und die Athenienser von diesem Tribut befreite« (Brockhaus 1833, VII,406f.).

18,31f. *Mediceische Venus:* berühmte römische Kopie einer griechischen Aphroditestatue, nach ihrem frühesten Besitzer aus der Familie der Medici benannt.

18,32f. *stückweise … zusammen:* Der Kommentar zum Besuch der Grisetten kann sich auf die materiale Beschaffenheit der Mediceischen Venus beziehen – diese »ist aus elf Stücken zusammengesetzt« (Brockhaus 1843, XIV,615) –, aber auch auf die antike, seit der Renaissance kunsttheoretisch oft diskutierte Erzählung vom griechischen Maler Zeuxis, der fünf junge Frauen als Modell für eine Aphroditestatue auswählte, da er nicht glaubte, alles, was er für die Darstellung von Schönheit suchte, in einem einzigen Körper finden zu können.

Grisetten des Palais-Royal: zu »Grisetten« vgl. Erl. zu 3,[30]. – Die zeitgenössischen Beschreibungen des Palais-Royal sind schwankend: es sei »in Paris, mit seinem Garten, seinen Höfen, Galerien und Arcaden so ziemlich der Mittelpunkt der Stadt und der Vereinigungspunkt aller […] künstlichen und erkünstelten, edeln und unedeln Lebensgenüsse. […] Ehemals war das Palais royal wegen seiner Freudenmädchen verrufen; diese sind jetzt fast ganz verbannt« (Brockhaus 1833, VIII,231f.).

18,35 *wie Medea ihren Bruder:* »Medea, […] eine der berüchtigtsten Zauberinnen des Alterthums, verhalf dem Jason [...] zum Goldenen Vließ und entfloh mit ihm in Begleitung ihres Bruders Absyrtos, den sie aber unterwegs, als sie ihr Vater Äetes verfolgte, tödtete und in Stücken zerschnitten ins Meer warf. Äetes hielt sich bei dem Sammeln derselben auf, und so entkamen Beide« (Brockhaus 1843, IX,435 f.).

I/5

19,20 f. *brütete über mir selbst:* »brüten« in der Bedeutung von: selbstvergessen »über etwas nachsinnen« (Campe I,637).

20,6 f. *küsste mich, als wollte er mich ersticken:* vermutlich angeregt durch Margarete in der Kerkerszene in Goethe, *Faust I*, V. 4488–90 (Goethe XII,241): »Wenn sonst von deinen Worten, deinen Blicken / Ein ganzer Himmel mich überdrang, / Und du mich küßtest als wolltest du mich ersticken.«

20,10–12 *Kleid ... von selbst abtragen:* Die Metapher vom Körper als dem vergänglichen »Kleid« des Menschen ist möglicherweise angeregt durch Brentano, *Ponce de Leon* III/24: »Du bist ein wahres Bild des Lebens, ein festlich Kleid, das später tragbar wird, und endlich abgetragen« (S. 160). Vgl. auch die paulinischen Metaphern vom Leib als Haus und Kleid der Seele in NT 2. Kor. 5,1–4.

20,27 *Absatz:* hier: »die Unterbrechung einer Handlung« (Adelung 1811, I,86).

20,33 f. *wer am meisten genießt, betet am meisten:* ähnlich Brentano, *Godwi*, Bd. 2, Kap. 34, S. 361 f. und 363: »Religion sey nichts als unbestimmte Sinnlichkeit, das Gebet ihre Aeußerung.« – »wer nicht sinnlich sey, habe keine Religion und eine Religion, die nicht sinnlich sey, habe keine Menschen.«

21,1 *Teil des Äthers:* »Äther« hatte zeitgenössisch eine

mythologische bzw. poetische, doch auch eine physikalische Bedeutung: »1) nach der ältesten Bedeutung der Himmel oder auch der Alles belebende Weltgeist. [...] – 3) In der heutigen Physik eine äußerst feine elastische Flüssigkeit, von der die Physiker, um die Gesetze verschiedener Erscheinungen in der Natur zu bestimmen, annehmen, daß sie durch den ganzen Weltraum verbreitet sei« (L3: *Rheinisches Conversations-Lexicon* I,211 f.).

21,11 *Bologneser Schoßhündlein:* zeitgenössischen Abbildungen zufolge das übliche Haustier der französischen Prostituierten.

21,15 f. *vorsichtig sein ... in die Sonne sitzen lassen:* Variation von Hamlets Dialog mit Polonius in Shakespeare, *Hamlet* II/2: »Hamlet. Denn wenn die Sonne Maden in einem todten Hunde ausbrütet; eine Gottheit, die Aas küßt – habt ihr eine Tochter? / Polonius. Ja, mein Prinz. / Hamlet. Laßt sie nicht in der Sonne gehn. Gaben sind ein Segen: aber da eure Tochter empfangen könnte – seht euch vor, Freund« (Shakespeare 1821, III,204). – Vgl. auch 36,10 f. »als brüte die Sonne Unzucht aus«.

21,16 *in die Sonne sitzen:* für »in die Sonne setzen«; »veraltete Bedeutung, welche aber im Oberdeutschen gangbar ist« (Adelung 1811, IV,115).

21,16 f. *die Mücken treiben's ihnen sonst auf den Händen:* vgl. *Woyzeck* H 4,11: »Thut's am hellen Tag, thut's einem auf den Händen, wie die Mücken« (S. 100).

21,19 *Offenbarung durch das Fleisch:* blasphemische Anspielung vermutlich auf NT 1. Tim. 3,16: »Gott ist geoffenbaret im Fleisch«.

21,21 *gibt einer die Disziplin:* anzüglich nach der frz. Wendung »donner la discipline«, der Züchtigung mit »einer Art Geißel« (Campe VI,266) oder Koitus.

21,21 f. *einen Monat dafür zu fasten:* Gemeint ist sexuelle Enthaltsamkeit nach einer Infektion.

21,33 *Adonis:* in der griechischen Mythologie der schöne junge Geliebte der Göttin Aphrodite, der von einem Eber getötet wird: »Vergebens eilt Aphrodite den Liebling zu retten, nicht schonend der zarten Füße, deren Blut die weißen Rosen damals roth färbte« (Brockhaus 1833, I,90).

21,36 *Feigenblatt:* Anspielung auf AT 1. Mose 3,7: »Da wurden ihrer beyden Augen aufgethan, und wurden gewahr, daß sie nackend waren; und flochten Feigenblätter zusammen, und machten ihnen Schürze«, mit der hier intendierten Bedeutung: Adelaide hat ihr »Gesicht« als »sittsam« stilisiert.

22,1 *an einer so gangbaren Straße:* ähnlich im Zusammenhang mit Prostituierten 76,3f. »du kannst mit Karren und Gäulen hinein«.

22,3 *Herdweg:* »Weg, auf dem Vieh ausgetrieben wurde« (L3: *Südhessisches Wörterbuch* III,314).

22,5–9 *moderner Adonis ... Quecksilberblüten:* kontrastiert den tödlichen Unfall des Adonis (»Wunde [...] am Schenkel«, Blutstropfen als Ursache roter »Rosen«; vgl. Erl. zu 21,33 »Adonis«) mit den Folgen der Syphilis und ihrer Therapie durch Quecksilberchlorid (»Wunde [...] in den Leisten«, »Quecksilberblüten«).

22,13f. *Sublimattaufe ... die Linie passiert:* Anspielung auf die Syphilistherapie – vgl. Erl. zu 9,8f. »Sublimatpille« – und auf die bekannte Sitte der Äquatorialtaufe. Der Äquator wurde »von den Seefahrern überhaupt die Linie genannt, daher die Redensart die Linie passiren« (Brockhaus 1833, I,348).

22,21 *Quecksilbergruben:* Fortführung der Witze über die Kuren gegen Syphilis.

22,25 *Lyoner:* vgl. 13,26 »Lyon« mit Erl.

22,26f. *in die Toga zu wickeln:* das offizielle Gewand der Römer anlegen, hier: den Römer spielen; der Kontext deutet aber auch auf die Geste, als Zeichen der Todesbereitschaft mit der Toga das Haupt zu umhüllen.

22,28 *Paetus es schmerzt nicht:* Anspielung auf den Tod des Cäcina Pätus, der »als angeblicher Anstifter einer Verschwörung gegen den Kaiser Claudius 42 n. Chr. zum Tode verurtheilt« wurde. »Alle Versuche, sich zu retten, mislangen; als endlich, um rühmlich zu sterben, nur der Tod durch die eigne Hand noch möglich war, da ergriff A[rria, die »heldenmüthige Gattin« des Pätus], die ihrem Gemahl auf die Flucht gefolgt war, den Dolch, stieß sich denselben in die Brust und reichte ihn dann ihm mit den Worten: ›Pätus, es schmerzt nicht!‹« (Brockhaus 1833, I,420).

22,31 *Terreur:* dt. »der Schrecken« (L3: *Nouveau Dictionnaire* II,980); zugleich Bezeichnung für die Jakobinerdiktatur (1793/94). »Als in der franz. Revolution die Jacobiner [...] durch die Vernichtung der gemäßigteren Girondisten [...], zu Ende des Mai 1793, die Oberherrschaft im Nationalconvent [...] erlangt hatten, erklärten sie selbst von der Rednerbühne herab, daß nun der Schrecken zur Rettung der Republik an der Tagesordnung sei« (Brockhaus 1843, XIV,174).

23,1 f. *die Masken abreißen:* nach Thiers VI,203 Ausspruch Collots im Jakobinerklub: »Nous arracherons tous les masques possibles«.

23,8 *Brutus, der seine Söhne opfert:* Lucius Junius Brutus stürzte nach römischer Überlieferung das Königtum der Tarquinier und begründete die Republik (509 v. Chr.). Als unter seinem Konsulat sich seine zwei Söhne an einer Verschwörung zugunsten der verbannten Tarquinier beteiligten, befahl Brutus, »nachdem die Schuld unwidersprechlich erwiesen worden, den Lictoren, das Gesetz zu vollziehen. [...] Er wohnte dem schrecklichen Schauspiele mit Standhaftigkeit bei, und erst nach der Hinrichtung verließ er die Versammlung« (Brockhaus 1833, II,272).

23,12 *Skala:* »Tonleiter«, auch »Gradeintheilung« von Messinstrumenten (Heyse 416).

23,16 *Hébertisten:* vgl. Erl. zu 6,32.

23,17 *materiell elend ... furchtbarer Hebel:* Vom materiellen Elend als »Hebel« revolutionärer Politik spricht Büchner auch im Brief an Gutzkow, 31. Mai / 1. Juni 1836: »Und die große Klasse selbst? Für die gibt es nur zwei Hebel, materielles Elend und religiöser Fanatismus. Jede Parthei, welche diese Hebel anzusetzen weiß, wird siegen.«

23,17–20 *Die Schale des Blutes ... schweren Kopf:* variiert ein in christlicher Tradition bekanntes Bild: über das Schicksal der Seele entscheidet eine Waage, deren eine Schale durch die Sünden des Gestorbenen, deren andere durch das Blut des Gekreuzigten beschwert wird. Erlöst wird die Seele, deren Schale in der Höhe bleibt, deren Sünden also weniger schwer wiegen als das Blut des Erlösers. – Übertragen heißt das: Wenn der Wohlfahrtsausschuss nicht die Blutschale der »Terreur« durch neue Opfer beschwert, wird seine Schale sinken und seine Mitglieder werden an der steigenden Blutschale aufgehängt (»Laterne« als Galgen; vgl. 11,22–28). Der abgeschlagene »Kopf« des bedeutenden Revolutionärs Danton wird die »Schale des Blutes« am Steigen hindern.

23,21 f. *die Revolution ... frisst ihre eignen Kinder:* Ausspruch des girondistischen Abgeordneten Vergniaud, u. a. bei Nodier (*Souvenirs* I,125, *Dernier banquet* 76) überliefert, dort später als »phrase célèbre« (*Dernier banquet* 190) bezeichnet.

Saturn: »ursprünglich eine alt-italische Gottheit, welche späterhin zum griech. Kronos umgedeutet wurde. [...] Dieser vermählte sich mit Rhea, die ihm mehre Söhne und Töchter gebar. Aber da er wol wußte, daß [...] ihm Entthronung von einem Sohne bevorstehe, verschlang er die ihm geborenen Kinder. Nur Zeus wurde gerettet« (Brockhaus 1830, IX,652).

23,23 *sie werden's nicht wagen:* mehrfach (Thiers VI,201, GH IV,118) überlieferter und im Drama mehrfach wiederholter Ausspruch Dantons (vgl. 33,34f., 40,33, 53,27f. u. ö.); als Irrungsmotiv auch in Goethe, *Egmont* II/2: »Wer sollte wagen Hand an uns zu legen? [...] Nein, sie wagen nicht das Panier der Tyranney so hoch aufzustecken« (Goethe VIII,221).

23,33–36 *Die Schneider ... ein Gemäßigter war:* vermischt den Berufswitz, demzufolge es Schneidern an Mut mangelt, mit dem Spott über Pariser Sektionäre, die sich besonders revolutionär gebärden. Sinn etwa: Wenn Danton sich als gemäßigt und schwach erweist, werden die feigen Sektionäre sich wie römische Heroen vorkommen.

Sektion der roten Mütze: Viele der 48 Verwaltungseinheiten und Wahlbezirke der Stadt Paris, der »Sektionen«, wählten nach 1792 revolutionäre Benennungen, so auch die bei Mercier erwähnte »Section du bonnet rouge« (zu »rote Mütze« vgl. Erl. zu 6,19). Die Sektionen besaßen weitgehende Verwaltungsautonomie, griffen jedoch – dem Selbstverständnis nach Teile des Souveräns – stets auch in nationale Belange ein. Mit der Etablierung der Revolutionsregierung seit Herbst 1793 wurden die Sektionen zunehmend in administrative und lokale Aufgaben zurückverwiesen.

23,35 *Mann des September:* zur zeitgenössischen Einschätzung von Dantons wichtiger Rolle als Justizminister vor und bei den Massakern des Sept. 1792, wo mit seiner »Einstimmung zu Mordthaten und Metzeleien« (UZ V,466) etwa 1300 Insassen der Pariser Gefängnisse umgebracht wurden, vgl. UZ V,465–510. Dort heißt es, die Mörder seien »den Vorschriften« gefolgt, die sie über Mittelsmänner »von Danton schriftlich erhalten« hätten (UZ V,475).

24,16 *einen Roman schreiben:* einen erdichteten Bericht als Grundlage der Anklage verfassen.

24,17 *eine Carmagnole schneidern:* Barère selbst nannte seine Berichte für den Konvent – im Sinne des revolutionären Tanzlieds (vgl. 81,11 »Carmagnole« mit Erl.) – »Carmagnolen«.

24,18 *das Blutmäntelchen umhängen:* Gemeint ist wohl: den Konvent zur Befürwortung des Anklagedekrets, indirekt also des Todesurteils, veranlassen.

24,22 *Arsenal:* »Gebäude, worin [...] vorräthige Waffen etc. aufbewahrt werden« (L3: *Rheinisches Conversations-Lexicon* I,721).

24,26 *Deine Lippen sind kalt geworden:* ähnlich Büchner im Brief an Wilhelmine Jaeglé, gegen Ende Jan. 1834: »Sind meine Lippen so kalt?« Vermutlich entlehnt aus Margaretes Satz in der Schlussszene von Goethe, *Faust I*, V. 4493f.: »O weh! deine Lippen sind kalt, / Sind stumm« (Goethe XII,241). Vgl. auch Erl. zu 20,6f.

24,29 *Morgen:* »Morgen« (also der Zeitpunkt von Szene I/6) ist im historischen Sinne der 29. März 1794, da an diesem Tag wiederum für »morgen« (vgl. 30,4) Saint-Just und Robespierre die gemeinsame Sitzung der Ausschüsse verabreden (vgl. 28,23f.), die am 30. März 1794 stattfand.

24,35f. *Mons Veneris ... Tarpejischer Fels:* »Der Venusberg: [...] Die über der Scham, besonders der weiblichen, liegende Erhöhung (Mons Veneris)« (Campe V,259). – »Bekanntlich wurden bei den Römern Verbrecher von dem tarpejischen Felsen [...] herabgestürzt. Oft bedrohten die Volkstribunen Personen vom ersten Range mit dieser Strafe« (Brockhaus 1830, XI,46).

I/6

25,2f. *Ein Zimmer Robespierre. Danton:* UZ XII,92 legt nahe, dass die letzte Unterredung der beiden Politiker in Robespierres Wohnung am 29. März 1794 (tatsächlich am 21. März, vgl. Zeittafel) stattfand. Wesentliche Elemente der topischen Gegenüberstellung (vgl. 25,18–20 »Tugend [...] kein Geld [...] bei keinem Weibe«; 27,34 »werden halbwegs Fleisch«) versammelte bereits Heine (*Französische Zustände*, Beilage Art. VI, Note a, S. 315; vgl. DHA XII,150): »Der sittenreine, unbestechliche Robespierre haßte den sinnlichen, geldbefleckten Danton. Maximilian Robespierre heiligen Andenkens war die Incarnation Rousseaus; er war tief religiös, er glaubte an Gott und Unsterblichkeit, er haßte die voltaireschen Religionsspöttereien, die unwürdigen Possen eines Gobels, die Orgien der Atheisten«.

25,10 *soziale Revolution:* zeitgenössisch der Kampf gegen die gesellschaftliche Ordnung unter Einbeziehung der »aristocratie bourgeoise« (Heine, Brief an Varnhagen, 19. Nov. 1830) im Gegensatz zur »politischen Revolution«, unter der meist die Entmachtung der privilegierten Stände Adel und Klerus sowie der Monarchie verstanden wurde.

25,11 f. *wer eine ... selbst sein Grab:* in UZ XII,73 überlieferter Ausspruch Robespierres.

25,29 *Mein Gewissen ist rein:* vermutlich nach Nodier (*Souvenirs* I,171): »La révolution incarnée, c'est Robespierre avec son horrible bonne-foi, sa naiveté de sang, et sa conscience pure et cruelle.«

26,2 *Fleckkugeln:* »Seife in Kugelgestalt« (Campe II,1077).

26,10 f. *dein lieber Herrgott ... Schnupftuch vor die Augen:* Auf Gottes Toleranz verweist Büchner auch im Brief an die Eltern vom 28. Juli 1835, um Anstößigkeiten in *Dantons Tod* zu erklären: »Wenn man so wollte, dürfte man keine Geschichte studiren, weil sehr viele unmoralische Dinge darin erzählt werden, müßte mit verbundenen Augen über die Gasse gehen, weil man sonst Unanständigkeiten sehen könnte, und müßte über einen Gott Zeter schreien, der eine Welt erschaffen, worauf so viele Liederlichkeiten vorfallen.«

26,13 f. *Epikureer und zwar grobe und feine:* möglicherweise angeregt durch Tieck, *William Lovell* III, 7. Brief über den »Hang meiner Seele, bei fröhlichen Gegenständen irgend einen traurigen, melancholischen Zug aufzusuchen und ihn unvermerkt in das lachende Gemälde zu schieben; dies würzt die Wollust durch den Kontrast noch feiner [...]. Dieser Art von feinstem Epikuräismus habe ich manche Stunden zu danken, die zu den schönsten meines Lebens gehören« (Tieck VI,130). Demnach ist ein »feiner Epikureer«, wer selbst den Schmerz noch zu genießen versteht. – Zu »Epikur«/»Epikureismus« vgl. Erl. zu 8,7.

26,16f. *Jeder handelt seiner Natur gemäß ... was ihm wohl tut:* Grundannahme der epikureischen Philosophie von der Antike bis zu den französischen Moralisten und Aufklärern des 17. und 18. Jh.s. Büchner gibt in den Exzerpten zur *Griechischen Philosophie* (vgl. HA II,340) einen der »Hauptsätze« so wieder: »Es giebt nur zwei Gemüthsbewegungen [...], Vergnügen und Schmerz. [...] Vergnügen ist der Zweck des Menschen so wie jedes lebenden Wesens. Denn das lebendige Wesen sucht das Angenehme und verabscheut das Unangenehme«. Und zur »Ethik« des »Epikur« (vgl. HA II,403f.): »Alle beseelte Wesen streben nach Vergnügen und Entfernung des Schmerzes.« – Vgl. auch die Variation 52,23–27 »Ich handle meiner Natur gemäß [...] in den Weg kommt«.

26,18f. *die Absätze so von den Schuhen zu treten:* vgl. 27,21 »die Tugend ein Absatz meiner Schuhe«.

26,22 *proskribieren:* »verbannen, von einer Gesellschaft ausschließen« (Heyse 369).

26,25–33 *Übrigens ... Danton und Paris ab:* teilweise wörtlich nach dem in GH IV,117 überlieferten Bericht von der letzten Unterredung zwischen Danton und Robespierre, die im Beisein von Paris stattgefunden habe: »»il est juste, dit Danton de comprimer les royalistes; mais nous ne devons frapper que des coups utiles à la république, et il ne faut pa[s] confondre l'innocent et le coupable. – Eh qui vous a dit, répliqua Robespierre en

l'interrompant avec aigreur, qu'on ait fait périr un innocent.‹ Danton ne répondit que par un sourire amer; mais se retournant vers le greffier du tribunal révolutionnaire, qui, très-ardent dans les principes républicains, n'en était pas moins pénetré d'une indignation profonde, pour les assassinats judiciaires dont il était le témoin journalier: ›Qu'en dis-tu Fabricius (c'était le nom révolutionnaire de Pâris); pas un innocent n'a péri!‹ A ces mots on se sépara: ainsi se termina cette entrevue, la dernière qui ait eu lieu entre ces deux hommes. Danton, en descendant l'escalier avec Pâris, lui dit: ›Il n'y a pas un instant à perdre, il faut se montrer.‹«
bei deinen Begriffen … der Republik nützlich: Danton klagt ein in Art. 15 der Menschenrechtserklärung von 1793 festgelegtes Prinzip ein: »die Strafen müssen dem Vergehen angemessen und der Gesellschaft nützlich seyn« (UZ X,133).

26,34 *Robespierre (allein):* Die Situation des nächtlichen Monologs ist vermutlich angeregt durch UZ XII,243 sowie durch Heines Robespierre-Porträt in *Französische Maler* (*Der Salon* I,26 f.; vgl. DHA XII,18 f.).

26,37 *zum Revolutionsplatz zu schleifen:* zusätzliche Strafe in der älteren Tradition ›geschärfter Hinrichtungen‹.

27,3–6 *seine gigantische Gestalt … aus der Sonne gehen heißen:* Anspielung auf den Dialog zwischen dem in einer Tonne lebenden Philosophen Diogenes und dem makedonischen König Alexander in Korinth, wo Alexander auf die Aufforderung, Diogenes solle eine Bitte äußern, zur Antwort erhielt: »Ich verlange weiter Nichts […], als daß du mir aus der Sonne gehest« (Brockhaus 1830, III,294).

27,14 *Schiff der Revolution:* historisch überliefert (z. B. UZ XII,234) als Variation der geläufigen Metapher vom »Schiff des Staats« (vgl. Grimm XV,57).

27,25 *deutet mit blutigem Finger immer da, da hin:* vermutlich angeregt durch die Schreckensvision in Shakespeare, *Macbeth* II/1; vgl. Erl. zu 42,16–19.

27,34 *werden halbwegs Fleisch:* Anspielung auf NT Johannes 1,14: »das Wort ward Fleisch«.

28,14 *Palais-Royal:* vgl. Erl. zu 18,32 »Grisetten des Palais-Royal«.

28,14 f. *Er … sprach in Epigrammen:* »Epigramm, d. i. Aufschrift oder Überschrift«, in der »eine poetische Idee« in »anschaulicher Kürze dargestellt« wird (Brockhaus 1833, III,652); auch: Sinngedicht, Spottgedicht.

28,16 *Ohnehosen:* vgl. Erl. zu 12,10.

28,16 f. *liefen hinter seinen Waden drein:* An den Waden las man im frühen 19. Jh. die Potenz des Mannes ab, weshalb Männer bedarfsweise künstliche Waden trugen. Vgl. auch Erl. zu 77,15–18.

28,23 f. *Wir berufen … Sitzung:* Die ungewöhnliche, der Bedeutung dieser Verhaftung entsprechende gemeinsame Einberufung der drei Ausschüsse überliefert Thiers VI,203.
Gesetzgebungs[ausschuss]: zuständig für die Erarbeitung von Gesetzesvorlagen; spielte bis zum Thermidorumsturz 1794 eine untergeordnete Rolle.
Sicherheits[ausschuss]: vgl. Erl. zu 3,[16/17].
Wohlfahrtsausschuss: vgl. Erl. zu 3,[13/14].

28,26–28 *Wir müssen die große Leiche … nicht zerstücken … all ihre Glieder … mit hinunter:* Umkehrung der Einwände des Brutus in Shakespeare, *Julius Cäsar* II/1 gegen den Vorschlag, mit Cäsar auch dessen Anhänger Antonius zu ermorden: »Zu blut'ge Weise, Cajus Cassius, wär's, / Das Haupt abschlagen und zerhaun die Glieder, / Wie Grimm beym Tod' und Tücke hinterher. / Antonius ist ja nur ein Glied des Cäsar. / Laßt Opferer uns seyn, nicht Schlächter, Cajus. / Wir alle stehen gegen Cäsars Geist, / Und in dem Geist des Menschen ist kein Blut. / O könnten wir denn Cäsars Geist erreichen, / Und Cäsarn nicht zerstücken! Aber ach! / Cäsar muß für ihn bluten. Edle Freunde, / Laßt kühnlich uns ihn tödten, doch nicht zornig; / Zerlegen laßt uns ihn, ein Mahl für Götter, / Nicht ihn zerhauen wie ein Aas für Hunde. / [...] Dadurch wird / Nothwendig unser Werk und nicht gehäßig; / Und wenn es so dem Aug' des Volks erscheint, / Wird man uns Reiniger, nicht Mörder nennen« (Shakespeare 1821, II,46f.).

28,30–32 *in seiner vollen Waffenrüstung ... auf seinem Grabhügel schlachten:* die bei Begräbnissen antiker Heroen üblichen Riten.

28,33 *Spitzbube:* Lacroix wurde im Prozess vorgeworfen, sich auf Kosten der Republik in Belgien bereichert zu haben.

28,34f. *Generallieutenant von Frankreich:* ironische Anspielung auf den für den Juristen Lacroix ungewöhnlichen Aufstieg zum Brigadegeneral.

29,2f. *der schön gemalte Anfangsbuchstaben der Konstitutionsakte:* Als damaliger Präsident des Konvents hatte der als besonders »schön« geltende Hérault de Séchelles (vgl. Erl. zu 3,[5]) die feierliche Prozession zur »Weihe der neuen Konstitution« am 10. Aug. 1793 angeführt (vgl. UZ X,202ff.).

29,7 *der alte Franziskaner:* Gemeint ist das Organ der dantonistischen Opposition, die von Desmoulins herausgegebene Zeitschrift *Le Vieux Cordelier*, deren Name in UZ Suppl. V,60f. mit »alter Franziskaner« wiedergegeben wird (vgl. Erl. zu 32,16). – Die folgenden Stellen stammen nicht aus Desmoulins' Zeitschrift, sondern greifen verschiedene Details der antirobespierristischen Literatur auf.

29,10 *Blutmessias:* zur messianischen Stilisierung Robespierres vgl. 12,29 »Messias« mit Erl.

29,10f. *auf seinem Kalvarienberge zwischen den beiden Schächern:* »Golgatha [...], d. h. Schädelstätte, auch Calvarienberg, hieß der hochgelegene Richtplatz der Juden an der Nordwestseite Jerusalems«; auch Gedenkort mit drei Kreuzen, »in Beziehung auf die Kreuzigung Christi zwischen den beiden Schächern« (Brockhaus 1833, IV,769).

29,12 *Couthon:* Georges-Jacques Couthon (1755–94), 1792 in den Konvent gewählt und seit dem 10. Juli 1793 ordentliches Mitglied des Wohlfahrtsausschusses; Mitwirkung an der Wiedereinnahme von Lyon (vgl. Erl. zu 13,26 »Lyon«). Er organisierte die Repression gegen die Verantwortlichen des antijakobinischen Aufstandes; verfasste mit Robespierre und begründete im Konvent den Dekretentwurf über die neue Organisation des Revolutionstribunals (10. Juni 1794), der die »Grande Terreur«, den Höhepunkt der Jakobinerdiktatur, einleitete; am 28. Juli 1794 hingerichtet.

29,13 *Guillotinenbetschwestern:* vermutlich zusammengesetzt aus den bei Mercier II,144 überlieferten »Furies de Guillotine« und Formulierungen wie »Betschwestern«, denen Robespierre als »Priester [...] seine Lehre einprägt« (L 7: *Minerva* 1794, I,10).

29,13f. *wie Maria und Magdalena:* Anspielung auf NT Johannes 19,25: »Es standen aber bey dem Kreuze Jesu seine Mutter, und seiner Mutter Schwester, Maria, Cleophas Weib, und Maria Magdalena.«

29,14f. *St. Just liegt ihm wie Johannes am Herzen:* Anspielung auf NT Johannes 13,23–25: »Es war aber Einer unter seinen Jüngern, der zu Tische saß an der Brust Jesu, welchen Jesus lieb hatte; [...] derselbige lag an der Brust Jesu«.

29,15f. *apokalyptischen Offenbarungen des Meisters:* »Die Offenbarung Johannis [d. i. die Apokalypse], welche die Sammlung der neutestamentlichen Schriften schließt, führt diesen Namen als prophetisches Buch, das [...] in einer Reihe kühner Bilder und dunkler Gesichte den Sieg des Christenthums über das Juden- und Heidenthum schildert« (L 3: *Bilder-Conversations-Lexikon* III,332). Zeitgenössisch ist »apokalyptisch« vorwiegend in der Bedeutung »geheimnißvoll, dunkel, räthselhaft« belegt (Heyse 28; vgl. auch Adelung 1811, I,413).

29,16–19 *er trägt … tragen machen:* so überliefert in GH IV,191.

Monstranz: »Monstranz oder Allerheiligstes heißt bei den Katholiken das in dem Tabernakel des großen Altars verschlossene, prachtvoll gearbeitete Gefäß […], in welchem die geweihte Hostie aufbewahrt und dem Volke gezeigt wird« (Brockhaus 1833, VII,489).

St. Denis: erster bekannter Bischof von Paris (zweite Hälfte des 3. Jh.s, lat. Dionysius), Märtyrer und populärer Schutzheiliger. Er wurde enthauptet und soll seinen Kopf auf den Händen getragen haben.

29,22 f. *seine dünnen auf der Tribüne herumzuckenden Finger:* angelehnt an eine Charakterisierung bei Mercier I,113: »l'apôtre Robespierre, avec ses mains sèches et arides et des mouvemens convulsifs, se cramponna à la tribune, parla de ses vertus«.

29,23 *Guillotinmesser:* vgl. Büchners Brief an Wilhelmine Jaeglé, gegen Ende Jan. 1834: »Ich gewöhnte mein Auge ans Blut. Aber ich bin kein Guillotinenmesser.«

29,24 f. *auf dem Revolutionsplatz werde Münze geschlagen:* ein bei Nodier (*Souvenirs* I,110) und Mercier (II,133) überlieferter Ausspruch Barères, von Nodier als »l'épouvantable expression« bezeichnet. Vgl. auch Erl. zu 12,14 »Die Guillotine ist zu langsam«.

29,25 f. *den alten Sack:* von Billaud-Varenne stammende Anspielung auf Barères ehemaligen Adelsnamen »de Vieuxzac«, den Thiers VI,130 als »de Vieux-sac« (›alter Sack‹) wiedergibt.

29,29 f. *das hippokratische Gesicht:* »gesicht eines sterbenden, nach dem arzt Hippokrates benannt, der diese veränderung des angesichts genau beschrieben hat« (Grimm V,4094).

29,32 *auch du Camille:* Nach bekannter, allerdings historisch umstrittener Überlieferung war »Et tu, Brute?« Cäsars letzter Ausruf vor seinem Tod. So z. B. bei Shakespeare, *Julius Cäsar* III/1: »Brutus, auch du?« (Shakespeare 1821, II,72.) Vgl. die Erl. zu 49,8 sowie zu 39,27.

29,33 f. *nur die Toten kommen nicht wieder:* Robespierre wiederholt einen in UZ XII,234 überlieferten Ausspruch Barères aus einer Konventsrede.

30,1 f. *die Fälscher ... die Fremden:* Der Prozess gegen die ›dantonistischen‹ Abgeordneten Danton, Desmoulins, Philippeaux, Hérault-Séchelles und Lacroix wurde verbunden mit dem gegen Abgeordnete, die wegen eines Korruptionsskandals schon zuvor verhaftet worden waren, sowie gegen verschiedene Ausländer. Zu den Einzelheiten vgl. Erl. zu 55,11 bzw. 55,11 f.

30,2 f. *das Ei ... den Apfel ... Mahlzeit:* Anspielung auf die altrömische Speisenfolge, die mit Ei begann und mit Obst schloss.

30,8 *Robespierre (allein):* vgl. Erl. zu 26,34.

30,10 *mit seinem Blut erlöst:* Anspielung auf NT 1. Petrus 1,18 f.: »Und wisset, daß ihr nicht mit vergänglichem Silber oder Golde erlöset seyd von eurem eitlen Wandel nach väterlicher Weise; Sondern mit dem theuren Blute Christi«.

30,12 f. *Wollust des Schmerzes:* möglicherweise angeregt durch Heine, *Zur Geschichte der neueren schönen Literatur in Deutschland* (I,6 f.; vgl. DHA VIII,126): die »Poesie des Mittelalters« gleiche der »Passionsblume, die dem Blute Christi entsprossen«, und diese sei »das geeignetste Symbol für das Christenthum selbst, dessen schauerlichster Reitz eben in der Wollust des Schmerzes besteht«. Büchner gebraucht die Wendung bereits in einem Brief an Wilhelmine Jaeglé, gegen Ende Jan. 1834: »Ich habe nicht einmal die Wollust des Schmerzes«.

30,18 *im Gethsemanegarten im blutigen Schweiß:* Anspielung auf den Bericht in NT Lukas 22,44 über Jesus in der Nacht vor der Kreuzigung im Garten Gethsemane: »Und es kam, daß er mit dem Tode rang, und betete heftiger. Es ward aber sein Schweiß wie Blutstropfen, die fielen auf die Erde.«

30,20 *alles wüst und leer:* Anspielung auf AT 1. Mose 1,1 f.: »Am Anfange schuf Gott Himmel und Erde. Und die Erde war wüste und leer«.

II/1

31,8 *Das ist sehr langweilig:* Unter den Historiographen überliefern u. a. Mignet und Dulaure, Danton habe auf die Frage, warum er sich nicht verteidige oder fliehe, auch geantwortet: »l'humanité m'ennuie«. Mit der Überlieferung überlagert sich das Motiv der um 1830 als Jahrhundertkrankheit geltenden Langeweile. – Büchner kennzeichnet im Brief an Gutzkow vom 31. Mai / 1. Juni 1836 »die abgelebte moderne Gesellschaft« mit den »Versuchen sich die entsetzlichste Langeweile zu vertreiben«. Zur Langeweile vgl. außerdem 33,8–11 »Die Leute befinden sich ganz wohl [...] keine Langeweile zu haben« mit Erl.

immer das Hemd zuerst: vermutlich angeregt durch Goethe, *Dichtung und Wahrheit* III, 13. Buch: »Von einem Engländer wird erzählt, er habe sich aufgehangen, um nicht mehr täglich sich aus- und anzuziehn« (Goethe XXVI,212), sowie *Egmont* II/2: »Wenn uns der Morgen nicht zu neuen Freuden weckt, am Abend uns keine Lust zu hoffen übrig bleibt; ist's wohl des An- und Ausziehens werth?« (Goethe VIII,215.) – Vgl. auch Büchners Brief vermutlich an Wilhelm Büchner, 2. Sept. 1836: »Ich bin ganz vergnügt in mir selbst, ausgenommen, wenn wir Landregen oder Nordwestwind haben, wo ich freilich einer von denjenigen werde, die Abends vor dem Bettgehn, wenn sie einen Strumpf vom Fuß haben, im Stande sind, sich an ihre Stubenthür zu hängen, weil es ihnen der Mühe zuviel ist, den andern ebenfalls auszuziehen.«

31,20–29 *Du stürzest dich … Hébert sterben:* leicht gekürzt und verändert übernommen aus UZ XII,91 f.

31,23 *die vom Tale … die vom Berge:* »montagnards« (dt. ›die vom Berge‹) war die zunächst abschätzig gemeinte Bezeichnung der auf der linken Seite des Saales auf den höchsten Bankreihen sitzenden politisch radikalen Abgeordneten der Gesetzgebenden Versammlung (1791/1792). – Mit den abschätzigen Begriffen »plaine« oder »marais« (dt. ›Tal‹ bzw. ›Sumpf‹) bezeichneten die »montagnards« die mehr als die Hälfte der Mitglieder umfassende Gruppe der Abgeordneten, die sich keiner der Konventsfraktionen anschloss und ebenerdig saß.

31,25 *Brutus:* Marcus Junius Brutus, einer der Verschwörer gegen Cäsar (vgl. 49,8 »Dolch des Brutus« mit Erl.).

31,25 f. *die Tribünen erschrecken:* Der aus dem Französischen entlehnte Begriff »Tribune« aus Büchners Quelle UZ (XII,91) oder, eingedeutscht, »Tribüne« hat die Bedeutung (1) von Rednerbühne, Podium, (2) von Zuschauerempore. – Der Textzusammenhang legt hier den letzteren Wortsinn nahe. Während Philippeau in der 1. Szene (8,18–22 »die ehrlichen Leute […] den ehrlichen Leuten«) eine Koalition der Dantonisten mit der gemäßigten Fraktion des Konvents vorgesehen hatte, hofft Lacroix jetzt, Danton könne durch Warnungen vor einer Diktatur des Wohlfahrtsausschusses zusätzliche Unterstützung der radikalen Pariser Sektionen gewinnen, deren Angehörige den Konventssitzungen als Zuschauer auf den Tribünen beiwohnten.

31,29 *der schändliche Hébert:* Jacques René Hébert (1757–94), Mitglied des Cordeliers-Klubs (seit 1791; vgl. Erl. zu 32,16) und des Jakobinerklubs (seit Jan. 1793); vertrat im Spätsommer/Herbst 1793 publizistisch die Forderungen nach dirigistischen und repressiven Maßnahmen gegen Spekulanten und Wucherer, unterstützte die Kampagne gegen den Katholizismus und bekämpfte die Gemäßigten. In Opposition zur Revolutionsregierung, deren mangelnde Radikalität er kritisierte, und von den Dantonisten als Agent des Auslands denunziert, wurde Hébert mit anderen Cordeliersführern in der Nacht vom 13. auf den 14. März 1794 festgenommen; im Prozess wurde der vordem wortgewaltige Ankläger der Spekulanten der Komplizenschaft mit ebendiesen bezichtigt; die zeitgenössische Berichterstattung zeichnet Hébert als einen niedergeschlagenen, dem Wahnsinn nahen Mann; hingerichtet am 24. März 1794.

31,32 *Ich war bei den Sektionen:* In den Quellen ist eine Kontaktaufnahme Dantons mit den Sektionen (vgl. Erl. zu 23,33–36) für den März 1794 nicht belegt.

31,33 *Leichenbitter:* »eine Person, welche dazu verordnet ist, andere zur Leichenbegleitung zu bitten« (Adelung 1811, II,2001).

32,7f. *armseliges Instrument … immer nur einen Ton angibt:* vermutlich ein Monochord; dieses, »ein mit einer Saite […] bezogenes, hohles Instrument« (Brockhaus 1833, VII,481), erlaubt jedoch bei Veränderung des Stegs die Erzeugung verschiedener Töne.

32,12 *auf was sich stützen:* mehrfach (L7: Mignet II,428, leicht variiert bei Thiers VI,201) als Ausspruch Dantons überliefert. Thiers zählt in diesem Zusammenhang ebenso wie Büchners Danton die möglichen und doch nicht in Frage kommenden Bundesgenossen auf und erklärt damit die Aussichtslosigkeit von Dantons Kampf gegen die drohende Verhaftung.

32,13 *Guillotinenbetschwestern:* vgl. Erl. zu 29,13.

32,16 *Cordeliers:* 1790 gegründeter, zunächst von Marat, Danton und Desmoulins beeinflusster Klub; wurde nach seinem Tagungsort in einem ehemaligen Kloster der Franziskaner (frz. »cordeliers«) benannt; spielte eine zentrale Rolle bei der Organisation der Aufstände vom 10. Aug. 1792 und 31. Mai 1793. Nach Marats Tod wurde der Klub von den Hébertisten beherrscht, während der von dantonistischer Seite publizistisch unterstützten

Kampagne gegen die Hébertisten im Winter 1793/94 unterwarf er sich den Jakobinern.

32,17 *der Gemeinderat tut Buße:* Die Zerschlagung der ultrarevolutionären Fraktion Héberts und die Verhaftung Chaumettes am 18. März 1794 (vgl. Erl. zu 3,[18]) leiteten die politische Entmachtung der Pariser Kommune ein; in der folgenden ›Säuberung‹ der verfassten Körperschaften wurden weitere Mitglieder der Stadtverwaltung ihres Amtes enthoben und deren Stellen neu besetzt.

32,18 *einen 31. Mai:* der Aufstand der Pariser Sektionen gegen die girondistische Fraktion des Konvents am 31. Mai 1793.

32,23 f. *ich will lieber … als guillotinieren lassen:* u. a. bei Mignet (L 7: II,428 f.) überlieferter Ausspruch Dantons.

32,31 *Alchimisten:* zeitgenössisch entweder – nur abwertend –, wer die Kunst des Goldmachens »suchet, oder sie zu besitzen sich rühmet« (Adelung 1811, I,198), oder – in vorsichtiger Aufwertung – Forscher, die »bedeutende Fortschritte in der Chemie wie selbst in der Heilkunst veranlaßt« haben (L 3: *Rheinisches Conversations-Lexicon* I,318).

32,34–36 *Schiffbrüchige … das Blut aus den Adern saugen:* vermutlich Anspielung auf den sehr bekannten Schiffbruch der Fregatte »La Méduse«, bei dem im Juli 1816 nur 15 von 150 Schiffbrüchigen das Floß lebend verließen, bei dem es zu Fällen von Kannibalismus gekommen war und das von Zeitgenossen als Sinnbild der menschlichen Existenz interpretiert wurde, so in Théodore Géricaults Gemälde »Das Floß der Medusa« (1819).

32,36 f. *Algebraisten:* »Algebra […] nennt man den Theil der Arithmetik, der sich mit Auffindung unbekannter Größen […] beschäftigt« (L 3: *Rheinisches Conversations-Lexicon* I,375). »Algebraist«: jemand, »der die Algebra versteht« (Adelung 1811, I,199).

33,8 *Was liegt daran:* in UZ XII,123 als Wendung Dantons überliefert (vgl. auch 39,2f. und 77,34).

33,8–11 *Die Leute befinden sich ganz wohl ... keine Langeweile zu haben:* In den Erörterungen der Langeweile wird spätestens seit Jean Baptiste Du Bos, *Réflexions critiques sur la poësie et sur la peinture* (1719), festgestellt, dass die Menschen die größten Unannehmlichkeiten auf sich nehmen, um dem Übel der Langeweile zu entgehen (vgl. L3: *Encyclopédie* V,693). Die Zuspitzung des Satzes, dass alle menschlichen Handlungen nur Versuche zur Überwindung der Langeweile seien, findet sich auch in *Leonce und Lena* I/1 (»Was die Leute nicht Alles aus Langeweile treiben! Sie studiren aus Langeweile«) und *Lenz* (»die Meisten beten aus Langeweile; die Andern verlieben sich aus Langeweile, die Dritten sind tugendhaft, die Vierten lasterhaft«; MBA V,44).

33,13f. *sie treten mit gelenken Gliedern hinter die Kulissen:* Das Bild vom Sterben als ›Abtreten von der Bühne‹ ist möglicherweise angeregt durch Werthers (14. Dez.) Umschreibung des berühmten Hamlet-Monologs: »Den Vorhang aufzuheben und dahinter zu treten! das ist alles! Und warum das Zaudern und Zagen?« (Goethe XVI,154.)

33,21–23 *ein Epigramm ... ein Epos in fünfzig oder sechzig Gesängen:* Beispiele poetischer Kurz- und Langformen. Zu »Epigramm« vgl. Erl. zu 28,14f.

33,24 *Zübern:* »zuber ist ursprünglich das grosze, von zwei männern mit einer oder zwei stangen zu tragende daubengefäsz für grosze wassermengen«, die Pluralform »züber« ist »vielfach im 16. und im 17. jahrh. belegt« (Grimm XXXII,239).

33,28f. *das ist mir ... nicht die Arbeit wert:* mehrfach (u. a. L7: Mignet II,429) überlieferter Ausspruch Dantons; geringfügig verändert.

33,32f. *Nimmt man ... an den Schuhsohlen mit:* mehrfach (u. a. Thiers VI,201 und UZ XIII,55) überlieferter Ausspruch Dantons.

34,4 *Faulheit:* als Urteil über Danton häufiger belegt (z. B. Thiers VI,201f. und 230), als Vorhaltung von Lacroix an Danton in GH IV,118 und Thiers VI,210f. (vgl. Erl. zu 53,11–28).

34,7f. *als Lucretia auf einen anständigen Fall studieren:* Anspielung auf den geplanten und vor Zeugen vollzogenen Selbstmord der Lucretia (vgl. Erl. zu 10,25).

II/2

34,10f. *Eine Promenade Spaziergänger:* Mit dem Schauplatz variiert Büchner bei gleicher Personenbezeichnung die Angabe in Goethe, *Faust I*, V. 807/808: »Vor dem Thor. / Spaziergänger aller Art ziehen hinaus« (Goethe XII,48). Weitere Übereinstimmungen finden sich bei Goethe im Personal (»Bürger«, zum Teil in quasi-politischen Gesprächen, »Bettler«, »Bürgermädchen«, »Soldaten«), im Wechsel von Dialog- und Liedpartien und im Hinzukommen des Titelhelden mit einem Vertrauten (Faust mit Wagner, Danton mit Camille Desmoulins; vgl. Dok. 10, S. 164–166).

34,12f. *Jacqueline, ich wollte sagen Corn...:* ironischer Hinweis auf den Römerkult der Französischen Revolution und die dazugehörende Gewohnheit, französische Vornamen gegen römische, hier also gegen den Namen »Cornelia«, auszutauschen.

34,23–30 *Was doch ist ... der Tag vorüber ist:* leichte Variation der anzüglich ausgewählten 4. Strophe aus Wilhelm Hauffs »Reiters Morgen-Lied«; im folgenden zit. nach *Auswahl Deutscher Lieder*, 5. sehr vermehrte Aufl., Leipzig 1827, S. 360, hier unter dem Titel »Kriegers Morgenlied«:

»Und was ist, und was ist
aller Männer Freud' und Lust?
Unter Kummer, unter Sorgen
sich bemühen früh am Morgen,
bis der Tag vorüber ist[.]«

Zur Melodie vgl. MBA III.4,122.

34,27–33 *Tauf ihn: Pike, Marat ... Pflug:* Simon und der Bürger folgen dem in UZ X,202 im Kapitel »Marats Vergötterung« dargestellten Vorbild: »Tausend Väter tauften ihre neugebornen Kinder: Marat«, sowie einer in UZ X,209 überlieferten Rede Héraults, wonach »[d]ie Pike und die Freiheitsmütze, die Pflugschar und die Garbe [...] fortan die Verzierungen der Republik ausmachen« sollten.

35,5 *Euter der römischen Wölfin:* Der Sage nach wurden die von ihrer Mutter am Tiber ausgesetzten Brüder Romulus und Remus von einer Wölfin gesäugt.

35,6 *Romulus:* sagenhafter Gründer der Stadt Rom.

35,8 *Eine Handvoll Erde:* Das Lied wurde im 19. Jh. in drei Fassungen im Elsass aufgezeichnet; Verfasser unbekannt. Die Strophe »Eine Handvoll Erde und ein wenig Moos« ist seit 1810 belegt (mündlich und gedruckt meist als 2. Strophe, zit. nach Chr. Fr. Tschira, Samml. von Liedern, Nr. 4, Schopfheim, 11. Nov. 1825, S. 155, Deutsches Volksliedarchiv A 88364):

»Eine Hand voll Erde und ein wenig Moos,
ist auf dieser Erde einst mein leztes Loos
wenn ich groß und mächtig hier gewesen bin,
und mein Haus ist prächtig, muß ich doch dahin.«

Zur Melodie vgl. MBA III.4,123.

35,23 *Das hebt einander:* zu ergänzen: auf; zugrunde liegt die Bedeutung von »heben als technischer ausdruck in der rechenkunst, compensare« (Grimm X,731). Wort- und sinngleich 53,36 »es würde sich gegenseitig heben«.

35,34 f. *wie alt ... kleiner Finger:* von Büchner vermutlich im Elsass aufgenommen; vgl. August Stöber (Hrsg.),

Elsässisches Volksbüchlein. Kinderwelt und Volksleben: »Wie alt bisch? So alt as min kleiner Finger« (2. Aufl., Mülhausen 1859, S. 50).

35,36f. *Du bist sehr spitz … du sehr stumpf:* Variation von Shakespeare, *Hamlet* III/2: »Ophelia. Ihr seyd spitz, gnädiger Herr, ihr seyd spitz. / Hamlet. Ihr würdet zu stöhnen haben, ehe ihr meine Spitze abstumpftet« (Shakespeare 1821, III,254).

36,2–7 *Christinlein, lieb Christinlein … gerne meh:* Quelle des Liedes nicht belegt.

36,20 *Eugenie:* griech., wörtl. ›wohlgeboren‹; demnach sprechender Name, der zusammen mit anderen Zeichen (36,16 »Madame«, Siezen der Mutter durch die Tochter) die höhere Gesellschaftsschicht anzeigt. Zudem in der Handschrift nicht in deutscher Schreibschrift, sondern in lateinischen Buchstaben geschrieben, so dass vermutlich – trotz der dagegen sprechenden Dativflexion 36,24 »Eugenien« – französische Aussprache beabsichtigt ist.

36,27f. *à l'enfant frisiert:* vermutlich anzüglich für: geschwängert. – Die auch von Zeitgenossen wie Heine (vgl. DHA VII,21) oder Eichendorff (*Krieg den Philistern*, S. 135) gelegentlich erwähnte Frisur »à l'enfant« (›auf Kind‹) soll von Marie Antoinette eingeführt worden sein.

37,10f. *Ein babylonischer Turm:* vermutlich Anspielung auf das am 24. Juni 1834 in Paris uraufgeführte Schauspiel *La Tour de Babel. Revue épisodique en un acte*, ein satirisches Programmstück französischer Romantiker mit Angriffen auf die Polizeizensur, die literarische Konvention und mit ironischen Hymnen auf den technischen Fortschritt.

37,20 *die Erde ist eine dünne Kruste:* Anspielung auf eine zeitgenössisch neue Theorie zur Erdentstehung. Gegen die Annahme der »Neptunisten«, die Erde sei aus dem Wasser entstanden, setzten sich die »Vulkanisten«

mit ihrer Annahme eines »feurig-flüssigen Erdkerns« schließlich durch. Dabei galt: »Die Dicke der starren Erdkruste, die Grenze des flüssigen Erdkerns läßt sich begreiflicher Weise nur annähernd berechnen« (L3: *Allgemeine Encyclopädie der Wissenschaften und Künste* LIX,191f.).

II/3

37,30 *Marionette:* seit dem Sturm und Drang topischer Negativbegriff der Ästhetik und Moralphilosophie im Sinne von ›hölzern‹ und ›tot‹. – Büchner gebraucht das Wort außerdem nur in einem Brief an die Eltern (28. Juli 1835), und zwar wiederum kunstkritisch: »Was noch die sogenannten Idealdichter anbetrifft, so finde ich, daß sie fast nichts als Marionetten mit himmelblauen Nasen und affectirtem Pathos, aber nicht Menschen von Fleisch und Blut gegeben haben«.

37,32f. *in fünffüßigen Jamben:* Der nach Shakespeare in der deutschen Klassik kanonische Blankvers wird im 19. Jh. epigonal. So spottet Gutzkow in seiner Rezension von *Dantons Tod* (*Phönix*, Literatur-Blatt Nro 27, 11. Juli 1835, S. 646; vgl. Dok. 23, S. 182) über »Immermanns monotone Jambenclassicität«.

38,5 *ein Ideal:* Ähnlich argumentiert Büchner (Brief an die Eltern, 28. Juli 1835) gegen »die sogenannten Idealdichter« und in *Lenz* (MBA V,37): »Dieser Idealismus ist die schmählichste Verachtung der menschlichen Natur.«

38,7 *Tonpfeife mit Wasser:* Kinderspielzeug, mit dem sich Vogelgezwitscher fast naturgetreu nachahmen lässt.

38,11f. *vergessen ihren Herrgott über seinen schlechten Kopisten:* Büchner schreibt im Brief an die Eltern vom 28. Juli l835, »daß ich es nicht besser machen will, als der liebe Gott, der die Welt gewiß gemacht hat, wie sie seyn soll«. Ähnlich in *Lenz* (MBA V,37): »Der liebe Gott hat die Welt wohl gemacht wie sie seyn soll.«

38,19 f. *Pygmalions Statue … keine Kinder bekommen:* Pygmalion, König in Zypern, »hatte einst, wie Ovid erzählt, als geschickter Bildner eine weibliche Statue aus Elfenbein gefertigt, deren Schönheit ihn so entzückte, daß er von Liebe für sein eignes Werk entbrannte und die Venus bat, dasselbe zu beseelen. Seine Bitte ward erfüllt; die Statue begann vor seinen Augen und unter seinen Umarmungen zu athmen und zu leben. Sie wurde seine Gemahlin, und er zeugte mit ihr den Paphos« (Brockhaus 1833, VIII,941). – Die vermutlichen Quellen (Nodier, *Souvenirs* I,139 f., *Dernier banquet* 82) verbreiteten eine dem Mythos widersprechende Version, derzufolge die Statue kinderlos blieb. So auch mit Berufung auf Nodier Heine in *Zur Geschichte der neueren schönen Literatur in Deutschland*: »Die That ist das Kind des Wortes, und die goetheschen schönen Worte sind kinderlos. Das ist der Fluch alles dessen was blos durch die Kunst entstanden ist. Die Statue, die der Pigmalion verfertigt, war ein schönes Weib, sogar der Meister verliebte sich darin, sie wurde lebendig unter seinen Küssen, aber so viel wir wissen hat sie nie Kinder bekommen« (I,111; vgl. DHA VIII,155).

38,21–25 *David … in diesen Bösewichtern:* weitgehend wörtlich nach einer häufiger (u. a. in UZ XII,121) überlieferten Anekdote aus dem Zusammenhang der Septembermassaker (2.–5. Sept. 1792).

David: Jacques Louis David (1748–1825), »der erste Maler und Stifter der neuern franz. Schule, welcher zuerst wieder unter den franz. Malern das strenge Studium der Antike und der Natur einführte und so mit kräftigem Einfluß einen reinern Styl und richtigere Zeichnung bewirkte, als sie noch je in Frankreich geherrscht hatten« (L 3: *Rheinisches Conversations-Lexicon* III,873). David galt als »einer der wüthendsten Jakobiner« (Brockhaus 1843, IV,94) und Anhänger Robespierres.

38,23 *Force:* eines der Pariser Gefängnisse, dessen meiste Insassen Anfang Sept. 1792 ermordet wurden.

38,35–37 *Der Wohlfahrtsausschuss … angeboten:* teilweise wörtlich nach GH IV,118, Thiers VI,210 und UZ XII,92.

39,1–3 *Sie wollen meinen Kopf … zu sterben wissen:* in UZ XII,123 überlieferter Ausspruch Dantons.
Hudeleien: eigtl. die »nachlässige flüchtige Verrichtung einer Arbeit« (Campe II,792); hier jedoch nach UZ XII,123 in der Bedeutung von »schererei, plage« (Grimm X,1861).

39,27 *Wir saßen auf einer Schulbank:* Der 1760 geborene Desmoulins besuchte bis zum Sept. 1784 dasselbe Pariser Collège wie der 1758 geborene Robespierre bis 1781.

39,36f. *Ach Scheiden … das Scheiden erdacht:* beide Verse leicht variiert in mehreren, sonst teils abweichenden Volksliedfassungen. Eine nahestehende Fassung »aus dem Odenwalde und der Umgegend von Frankfurt am Main« bieten Erk/Irmer (L2a: *Die deutschen Volkslieder mit ihren Singweisen* VI,66f.) unter dem Titel »Vom Lieben zum Scheiden«. Die Schlussstrophe lautet:

»Ach Scheiden, ach Scheiden, ach Scheiden!
Wer hat doch das Scheiden erdacht!
Das hat solch' unsägliches Leiden
Manch' jungem Herzen gebracht!«

Zur Melodie vgl. MBA III.4,135.

II/4

40,15f. *Krankheit … das Gedächtnis verlieren mache:* möglicherweise Anspielung auf die Amnesie, den Verlust des Gedächtnisses, der zeitgenössisch auf unterschiedlichste Ursachen zurückgeführt wurde.

40,16f. *Der Tod soll etwas davon haben:* Dass der Tod Vergessen mit sich führe, gehört zu den zentralen Verheißungen der epikureischen Philosophie.

40,28 *Lorgnon:* »Augenglas« oder »Taschenfernglas« (Heyse 247) mit Stielgriff.

II/5

41,9 *September:* vgl. Erl. zu 23,35 und zu 42,33.

41,19–21 *die Wände plaudern ... mit den Lippen der Steine reden:* vorgeprägt in AT Habakuk 2,10f.: »denn du hast zu viele Völker zerschlagen, und hast mit allem Muthwillen gesündiget. Denn auch die Steine in der Mauer werden schreyen, und die Balken am Gesperr werden ihnen antworten.« – Vermutlich auch angeregt durch die Mordszene in Shakespeare, *Macbeth* II/1: »Daß nicht ausschwatzen selber deine Steine / Mein Wohinaus« (Shakespeare 1825, IX,297).

41,29 *Gott erhalte dir deine Sinne:* Variation von Shakespeare, *Lear* III/6: »Gott erhalte dir deine fünf Sinne!« (Shakespeare 1825, VIII,343.)

42,10–14 *Unter mir keuchte die Erdkugel ... über dem Abgrund:* ähnlich *Lenz* (MBA V,31): »er stand, keuchend, den Leib vorwärts gebogen, [...] er dehnte sich aus und lag über der Erde, er wühlte sich in das All hinein, es war eine Lust, die ihm wehe that; oder er stand still und legte das Haupt in's Moos, [...] die Erde wich unter ihm«.

42,16–19 *da hört ich's ... die blutigen Hände:* Das Hör-Trauma (vgl. 42,5f.) ist in Verbindung mit der – bereits in Robespierres Nachtszene (27,25 »mit blutigem Finger«) variierten – Schreckensvision greifender und blutiger Hände vermutlich angeregt durch Shakespeare, *Macbeth* V/1 (Schlafwandelszene der Lady Macbeth) und vor allem II/1: »Macb. Woher das Klopfen – – – Was ist das mit mir / Daß jeder Ton mich schreckt? Ha! welche Hände! – / Sie reißen mir die Augen aus [...] / (Lady Macbeth kommt zurück.) / L. Macb. Meine Hände / Sind blutig, wie die deinen« (Shakespeare 1825, IX,299).

42,22f. *Die Könige ... Die Festungen gefallen:* Gemeint ist die Kriegssituation im Herbst 1792: die Armeen der verbündeten Monarchien waren auf dem Vormarsch; die seit dem 20. Aug. 1792 belagerte Festung Longwy hatte am 23. Aug., Verdun am 1. Sept. kapituliert.

42,27f. *zwei Feinde auf einem Brett:* Das Bild, das die Debatte des Rechts auf Selbsterhaltung (vgl. 7,19f. mit Erl.) auf die Septembermorde überträgt, geht als philosophisches Schulbeispiel der Notwehrdiskussion auf den griechischen Skeptiker Karneades (geb. 215 v. Chr.) zurück und erörtert das Verhalten eines Schiffbrüchigen, der einen anderen von dem rettenden Brett stößt, da dieses nur einen tragen kann.

42,33 *das Vaterland gerettet:* zusammen mit 51,35 »Schrie's nicht September« vermutlich angeregt durch eine in UZ VI,98f. überlieferte Anekdote aus einer Konventssitzung: es »ließ auf einmal eine dumpfe und hohle Stimme aus dem entgegengesetzten und dunkelsten Winkel des Saales das Wort ›September!‹ langsam und feierlich erschallen, so daß jedermann unwillkührlich zusammenschauderte, und der kühne Danton selbst seinen bewegten Zustand nicht verbergen konnte. – Endlich fuhr er, jedoch mit schwankender Stimme fort: ›Ja, in den Tagen des Septembers habe ich das Vaterland gerettet, denn der Feind war vor unsern Thoren.‹«

42,34 *das war Notwehr, wir mussten:* Danton hilft sich über seine Mitverantwortung an den Massakern vom Sept. 1792 mit einem auch von der zeitgenössischen liberalen Geschichtsschreibung verwendeten Argument hinweg. So zitiert Thiers (III,92) z. B. einen Brief der Pariser Kommune, der die Septembermorde mit der »grausamen Notwendigkeit, sich zur Rettung der Nation der Volksmacht zu bedienen«, rechtfertigt; später (VI,160) spricht er in anderem Zusammenhang von der »fatalité de cette situation révolutionnaire«.

42,35 *Der Mann am Kreuze hat sich's bequem gemacht:*

Wiederaufnahme der Christuskritik Robespierres in I/6, 30,14 »Wer hat sich mehr verleugnet«.

42,36–43,4 *es muss ja Ärgernis kommen ... hurt, lügt, stiehlt und mordet:* fast wörtlich gleich mit Sätzen Büchners im Brief an Wilhelmine Jaeglé, gegen Ende Jan. 1834: »Ich gewöhnte mein Auge ans Blut. Aber ich bin kein Guillotinenmesser. Das m u ß ist eins von den Verdammungsworten, womit der Mensch getauft worden. Der Ausspruch: es muß ja Aergerniß kommen, aber wehe dem, durch den es kommt, – ist schauderhaft. Was ist das, was in uns lügt, mordet, stiehlt?« – Vgl. NT Matthäus 18,7: »Es muß ja Aergerniß kommen; doch wehe dem Menschen, durch welchen Aergerniß kommt!«

43,5 f. *Puppen sind wir ... am Draht gezogen:* ähnlich Büchner im Brief an Wilhelmine Jaeglé, gegen Ende Jan. 1834: »die Herrschaft des Genies ein Puppenspiel«. Außerdem begegnet das in der Romantik häufige Bild in absolutismuskritischer Absicht auch im *Hessischen Landboten* (GW I,[3]): »nur eine Drahtpuppe, an der die fürstliche Puppe zieht«.

43,6–8 *Die Schwerter ... wie im Märchen:* in Zusammenhang mit der emphatischen Reflexion auf das »Muss« möglicherweise angeregt durch Tieck, *Abdallah* III, Kap. 3, wo sich der Held als »Dolch« in der Hand einer »größern Kraft« begreift: »die Hand mordet, die den Dolch ergreift, nicht das Werkzeug, das der größern Kraft wider Willen nachgeben muß« (Tieck VIII,189).

II/6

43,14 *Bürgersoldaten:* hier vermutlich Angehörige der Nationalgarde. Der Überlieferung in der *Galerie historique* (GH IV,118) zufolge wurde Dantons Haus ab 22 Uhr umstellt. Die Festnahme geschah zwischen 2 und 3 Uhr morgens.

43,15/17 *Wie weit ist's in der Nacht / Wie weit ist die*

Nacht: Der Souffleur Simon bedient sich – wie schon in Szene I/2 – Wendungen aus der Dramenliteratur, die den andern unverständlich sind. Sie stammen aus Schiller, *Die Räuber* V/1 (»Franz. […] Geister und Teufel! wie weit ist's in der Nacht?«; Schiller III,189) und aus der schon für den vorhergehenden Szenenschluss verwendeten Nachtszene in Shakespeare, *Macbeth* III/4: »Macb. […] Wie weit ist die Nacht?« (Shakespeare 1825, IX,318.)

43,22 *Perpendikel:* »der Pendel an den gewöhnlichen Gewicht- u. Stockuhren« (L3: *Allgemeine Realencyclopädie* VIII,78); hier in Verbindung mit der ursprünglichen Bedeutung von »perpendikulär« (»senkrecht«; Grimm XIII,1560) und der Lokalisierung »unter den Bettdecken« anzüglich gemeint.

43,25–27 *Der Freiheit eine Gasse! Sorgt für mein Weib!:* Simon zitiert wörtlich Kernsätze aus der Winkelried-Literatur des frühen 19. Jh.s. Der Überlieferung zufolge soll der Schweizer Arnold Winkelried in der Schlacht bei Sempach 1386 den Sieg der Eidgenossen ermöglicht haben, indem er sich in die Spieße der andrängenden Feinde warf und so eine entscheidende Bresche schlug. Vor allem in der Literatur der antinapoleonischen Kriege und der burschenschaftlichen Bewegung nach 1815 wurde Winkelried neben Hermann dem Cherusker und Wilhelm Tell zum Gegenstand kultischer Verehrung. – Die Formulierung »Der Freiheit eine Gasse!« wurde von Theodor Körner in seinem 1813 entstandenen Gedicht »Aufruf« aus dem Gedichtband *Leyer und Schwert* (5. Aufl., Berlin 1819, S. 37) geprägt.

43,29 f. *Eichelkron … Eicheln genug in den Schoß:* Anspielung auf die Eichel als Teil der patriotischen Propaganda; zugleich obszöner Witz. Die anatomische Bedeutung von »Eichel« nutzt 1829 auch Heine in der *Reise von München nach Genua* (in: *Reisebilder* III, Kap. X, S. 67 f.; vgl. DHA VII,34): »Nun kamen die Alliirten und die schlechten Befreyungsgedichte, Hermann und Thusnelda, Hurrah, und der Frauenverein und die Vaterlandseicheln, und das ewige Pralen mit der Schlacht bey Leipzig, und wieder die Schlacht bey Leipzig, und kein Aufhören davon.«

II/7

44,10 *Nationalkonvent:* Die »Convention nationale«, das zur Ausarbeitung einer neuen Verfassung einberufene legislative Organ der französischen Republik, umfasste 749 Abgeordnete und amtierte vom 21. Sept. 1792 bis 26. Okt. 1795.

44,12 f. *Soll denn … nicht aufhören:* teils wörtlich nach einer in UZ XII,61 überlieferten Frage des Abgeordneten Chabot: »Wollt Ihr nicht endlich wenigstens das Schlachten der Deputirten einstellen?«

44,15 *Schranken:* Diese trennten Präsidium und Rednerpult von den Rängen der Abgeordneten.

44,17 *seiner Stimme:* eines der wesentlichen Attribute des Dantonbildes noch in der Vormärzzeit. Vgl. Brockhaus 1843, IV,74: »wenn er sprach, erregten sein heftig bewegtes Gesicht, sein drohender Blick und das Betäubende seiner rauhen Stimme Furcht, Schrecken und Überwältigung.«

44,18 *ein Dekret verhindert uns:* Hinweis auf den Beschluss vom 12. Nov. 1793, mit dem das beschuldigten Abgeordneten zwei Tage zuvor eingeräumte Recht auf Anhörung vor dem Konvent zurückgenommen wurde.

44,24–45,5 *Vier Mitglieder … des Hochverrats anklagt:* weitgehend wörtlich nach Legendres bei Thiers (VI, 204 f.; vgl. Dok. 4, S. 150) sowie in UZ XII,93 f. überlieferter Rede vor dem Konvent.
Vier Mitglieder des Nationalkonvents: nämlich Danton, Desmoulins, Lacroix und Philippeaux.

44,25 *verflossene Nacht:* historisch die vom 30. zum 31. März 1794.

44,34 *Privathass und Privatleidenschaften:* »privat« ist in UZ die Übersetzung der französischen Begriffe »individuel« oder »particulier«, die in der Revolutionsrhetorik meist abwertend gebraucht wurden. Vgl. auch 57,25 »Privatkühnheit«.

45,9f. *von unseren Plätzen reißen:* frz. »arracher de nos sièges«; ein rhetorischer Gemeinplatz von Volksvertretern, die sich gegen den Angriff auf ihre Abgeordnetenfunktion wehren.

45,12 *den Girondisten aus dem Mund genommen:* Auf Barères Vorschlag, die girondistischen Abgeordneten »möchten um des Wohls des Vaterlands willen ihre Stellen freiwillig niederlegen, und sich für das gemeine Beste aufopfern« (UZ IX,484), hatte der Girondist Barbaroux am 2. Juni 1793 erwidert: »Wie kann ich aber eine Gewalt niederlegen, die mir von dem Volke übertragen worden ist? Nein, erwartet von mir keine Abdankung« (UZ IX,485f.).

45,13 *Beil des Gesetzes:* nach UZ X,209 eine von Hérault in öffentlicher Rede verwendete Umschreibung für die Guillotine.

45,16 *Asyl des Gesetzes:* bezieht sich auf die Bestimmung, dass Angehörige des Konvents, also die Gesetzgeber, nicht vor Gericht gestellt werden durften.

45,18f. *nur gekrönte Verbrecher finden eins:* Anspielung auf den in der Verfassung von 1791 festgelegten gesetzlichen Schutz des Königs.

45,23–47,13 *Die seit langer Zeit … zurückgewiesen werde:* weitgehend wörtlich nach der bei Thiers (VI,205–208) überlieferten Konventsrede Robespierres (vgl. Dok. 4, S. 150–152); einzelne Elemente nach UZ XII,95–99.

45,29 *Chabot, Delaunay und Fabre:* Gemeint sind die in die Korruptionsaffäre um die Auflösung der Handelsgesellschaft »Compagnie des Indes« verwickelten, mit zwei weiteren Abgeordneten am 16. März 1794 unter Anklage gestellten Abgeordneten François Chabot

(1756–94), Joseph Delaunay (1752–94) und Fabre d'Églantine (vgl. Erl. zu 3,[8]).

46,9 *Lafayette:* Marie Joseph Gilbert du Motier, Marquis de La Fayette (1757–1834); General und Staatsmann, umstrittener Verfechter einer Republik mit starker Präsidialgewalt; 1789 Abgeordneter des Adels in den Generalständen; 15. Juli 1789 – 8. Okt. 1791 Oberkommandierender der Pariser Nationalgarde. Seit Dez. 1791 Oberbefehlshaber der Zentrumsarmee, forderte er im Juni 1792 die Nationalversammlung ultimativ zur Wiederherstellung der verfassungsmäßigen Ordnung auf und rief nach dem 10. Aug. seine Truppen zum Marsch auf Paris auf. Am 18. Aug. wegen Hochverrates unter Anklage gestellt, desertierte er.

Dumouriez: Charles-François Du Périer, genannt Dumouriez (1739–1823); seit 1757 im militärischen und diplomatischen Dienst des Hofes; 1792 Außen-, dann Kriegsminister; nach der Desertion La Fayettes Oberkommandierender der Nordarmee; kritisierte mehrfach die republikanische Kriegsführung und rief seine Truppen Ende März 1793 zum Putsch gegen den Konvent und zur Wiederherstellung der konstitutionellen Monarchie auf. Am 3. April 1793 wurde Dumouriez im Konvent des Landesverrates angeklagt und für vogelfrei erklärt. Ging am 5. April 1793 mit zwei Generälen zu den Österreichern über. – Sein Verrat trug wesentlich zum Sturz der Gironde bei und kompromittierte auch Danton, der sich am 15. März gegen die Anklageerhebung gegen ihn ausgesprochen hatte.

46,9f. *Brissot:* Jacques-Pierre Brissot (1754–93), Anwalt und Publizist; Abgeordneter der Gesetzgebenden Versammlung und des Konvents. Als Hauptangeklagter im Girondistenprozess (vgl. Erl. zu 11,8) wurde er am 31. Okt. 1793 hingerichtet. Ihm wurde u. a. vorgeworfen, Verbindungen mit La Fayette und Dumouriez sowie mit England unterhalten und die Wiederherstellung der Monarchie zugunsten des Herzogs von Chartres betrieben zu haben.

47,20–32 *Die Natur folgt … in ihren Revolutionen:* Der Redner rekurriert auf die Tatsache, dass die naturwissenschaftliche und vor allem geologische Bedeutung im Zentrum des zeitgenössischen Revolutionsbegriffs stand; spezieller folgt er zeitgenössischen Annahmen zur Erdgeschichte, dass nämlich Veränderungen der Luft, des ›Erdfeuers‹, des Wassers epidemische bzw. vulkanische bzw. Überschwemmungskatastrophen, also ›Revolutionen‹ in »der physischen Natur«, hervorrufen. »Dergleichen Revolutionen können sich nun auch in der politischen Welt ereignen. […] Eine Veränderung dieser Art heißt eine politische Revolution oder eine Staatsumwälzung« (Brockhaus 1830, IX,235). – Als Rede Saint-Justs nicht überliefert und in dieser Form auch nicht denkbar; am nächsten kommen Abschnitte aus einer Schrift von Joseph Görres, die möglicherweise als Anregung dienten (vgl. Dok. 6, S. 154 f.).

47,23 f. *tellurischen Feuers:* erdinneres Feuer, vermutlich anstelle des üblichen Begriffs »Centralfeuer« (Brockhaus 1833, II,516).

47,35–48,11 *Gestaltung der moralischen Natur … Gang der Geschichte rascher ist:* erinnert an Partien aus Robespierres Grundsatzrede vom 7. Mai 1794, die in UZ XII,178–190 teilweise fehlen: die bisherige Geschichte sei durch »physische Veränderungen« bestimmt, während die »moralischen und politischen Veränderungen« noch bevorstünden.

47,37 *Weltgeist:* »der Geist der Welt, welcher die Welt gleichsam beseelt, belebt, […] dessen Körper gleichsam die Welt ist, Gott. Bei einigen alten Vernunftforschern war der Weltgeist ein geistiges Wesen, welches die wirkende Ursache aller Veränderungen in der Welt ist, die Weltseele« (Campe V,672). Der Begriff ist zeitgenössisch in Dichtung und Philosophie allgemein verbreitet (vgl. Grimm XXVIII,1579 ff.).

48,17 f. *Vorzüge … Vorrechte:* Fest institutionalisierte »Vorrechte« oder Privilegien gelten als Teil der vorrevolutionären Feudalordnung; »Vorzüge« im Sinne von »vortreffliche Eigenschaften« (Grimm XXVI,2013) sollen aus natürlichen Unterschieden zwischen den Individuen folgen; so auch bei Rousseau, den Büchner Anfang Nov. 1834 las (vgl. MBA III.3,320–322).

48,22 *Interpunktionszeichen:* von lat. »interpunctiren«, d. h. »mit Unterscheidungszeichen versehen« (Heyse 213).

48,32–49,1 *Moses führte … zu verjüngen:* Die Rekurse sowohl auf den biblischen Staatengründer Moses wie auch auf das Motiv der Verjüngung im Medea-Mythos begegnen häufig in den Debatten zur Französischen Revolution; in dieser Verbindung jedoch nur bei Nodier (*Souvenirs* I,140 f.): »Quand Moïse conduisit son peuple à la terre de Chanaan […] Les Péliades, qui égorgèrent leur vieux père pour le rajeunir, étoient d'habiles républicaines. Elles savoient le secret des révolutions. A la naissance d'un peuple, le sacrifice d'un homme peut quelque chose; mais, quand ce peuple a vieilli, le gouffre de Curtius ne se referme que sur le peuple tout entier.« *durch das Rote Meer:* topische Anspielung auf den Exodus, hier den in AT 2. Mose 14 dargestellten Zug des israelitischen Volkes durch das Rote Meer, in dessen Fluten die nachsetzende ägyptische Armee umkommt.

48,33 f. *bis die alte verdorbne Generation sich aufgerieben hatte:* eine die Gleichsetzung von Revolution und Exodus fortführende Anspielung auf AT 4. Mose 14,29–32, wonach Jehovah den Ungehorsam des jüdischen Volkes bestrafte, indem er die schon am Rand des verheißenen Landes angekommenen Israeliten zu einem neuerlichen vierzigjährigen Zug durch die Wüste zwang.

48,37–49,2 *wie die Töchter des Pelias ... aus dem Blutkessel:* Anspielung auf eine von zwei in Ovids *Metamorphosen* (VII, V. 163–352) überlieferte Episoden der griechischen Medea-Sage, in denen Personen magisch verjüngt werden. Zum einen verjüngt Medea Aison, den Vater ihres Gatten Jason, zum anderen rächt sie sich an Aisons Halbbruder, dem König Pelias, dadurch, dass sie seine Töchter überredet, den Vater zu töten »und den zerstückten Leichnam in einem Kessel« zu kochen, ohne dass sie danach ihr Versprechen einlöst, Pelias »durch Zaubermittel zu verjüngen« (Brockhaus 1833, VIII,368). – Demokratien galten in der frühen Neuzeit als Regierungsformen ›junger‹ Staatskörper, und Debatten über Demokratisierungsmöglichkeiten griffen deshalb wiederholt auf den Mythos entweder des Aison oder des Pelias zurück, wobei der Aison-Vergleich revolutionsbejahend, die Pelias-Episode ausnahmslos revolutionskritisch verwendet wurde. Saint-Just verwendet demnach den für sein Argument ungeeigneten Teil des Mythos.

49,3 *Sündflut:* »Sündflut, richtiger Sindflut, wird die große Überschwemmung genannt, welche [...] als göttliches Strafgericht wegen der Sünden des Menschengeschlechts zur Vertilgung desselben erfolgte« (Brockhaus 1833, X,793). – Zur Verbindung von »Sintflut« und »Revolution« vgl. Erl. zu 47,20–32.

49,7–10 *Alle geheimen Feinde ... zu teilen:* so wörtlich in UZ XII,79 als Schluss einer Rede Saint-Justs vom 13. März 1794, in der er »[e]inen großen Plan der Wiedergeburt« forderte.

49,8 *Dolch des Brutus:* Anspielung auf Marcus Junius Brutus (geb. 85 v. Chr.), den Anführer der Verschwörung zur Ermordung Cäsars.

49,11 *Marseillaise:* vgl. Erl. zu 81,12.

III/1

Der erste Teil der Szene variiert – ebenso wie die Szenen III/7 und IV/3 – Nodiers *Dernier banquet des Girondins*, in dem die girondistischen Abgeordneten die letzte Nacht vor ihrer Hinrichtung mit einer von stoischer Heiterkeit bestimmten Debatte über die Unsterblichkeit und andere Fragen der Metaphysik verbringen (vgl. *Dernier banquet* 123f.).

50,3 *Das Luxemburg:* eines der wichtigsten der über fünfzig Pariser Gefängnisse in den Jahren 1793/94; gehörte dank eines wohlwollenden Hausmeisters, der die Gefangenen nach ihrer politischen und sozialen Herkunft zusammenlegte und für die Versorgung auch mittelloser Insassen Sorge trug, bis etwa April 1794 zu den komfortabelsten Gefängnissen in Paris.

50,11 *Philosoph Anaxagoras:* »Anaxagoras« war Chaumettes Revolutionsname; mit dieser Anrede wurde er nach seiner Verhaftung von den Mitgefangenen verspottet. – Anaxagoras, Athener Philosoph (500–428 v. Chr.), geriet aufgrund seiner naturwissenschaftlichen Studien »in den Verdacht der Gotteslästerung« (Brockhaus 1833, I,257).

50,11f. *katechisieren:* eigtl. »durch mündliches Fragen und Antworten in der Glaubenslehre unterrichten« (Adelung 1811, II,1511); in der geschilderten Situation vermutlich angeregt durch den Bericht in UZ über die letzten Tage der Hébertisten, deren philosophischer Kopf Cloots den Verurteilten »rastlos [...] den Materialismus« (UZ XII,83) gepredigt habe. – Mit Paynes Argumenten antwortet Büchner vermutlich zugleich auf die Dissertation seines Freundes Louis-Adolphe Stoeber, *Idées sur les rapports de Dieu à la nature et spécialement sur la révélation de Dieu dans la nature* (Straßburg 1834), die dieser am 15. April 1834 öffentlich verteidigt hatte und deren Inhalt Büchner sowohl durch Diskussionen als auch durch ein ihm vermutlich zugesandtes Druckexemplar gekannt haben dürfte.

50,12 *Es gibt keinen Gott:* Paynes Demonstration, dass eine Existenz Gottes nicht widerspruchsfrei zu denken sei, orientiert sich im Wesentlichen an einer dem griechischen Philosophen Epikur zugeschriebenen Argumentation, deren Hauptpunkte Büchner später in den Exzerpten zur *Geschichte der Griechischen Philosophie* (vgl. HA II,403–409), und zwar aus Tennemann (L2b: *Geschichte der Philosophie* III,347–432), notiert. Epikur nennt für den Satz: »Sie [die Götter] können [...] nicht die Welt gebildet haben« (III,379) als Gründe: »denn sowohl die Natur dieser Wesen, als die Beschaffenheit der Welt streitet dagegen« (ebd.). Payne wiederholt im Folgenden beide Begründungen. Die erste betrifft bei Epikur die selige Natur der Götter: »Wenn wir uns die Götter als selige, vollkommene Wesen denken müssen, so muß auch alle Vorstellung von Arbeit, Mühe und Sorge von ihnen entfernt bleiben« (ebd.). Die zweite Begründung betrifft »die Beschaffenheit der Welt«, die »in ihrer Einrichtung so viel Mängel und Fehler« aufweist, »daß sie gar nicht für das Werk einer vernünftigen Ursache gehalten werden kann« (ebd.).

50,14–16 *Grund in sich ... Grund alles Seins:* Eine Variante dieser geläufigen Bestimmung Gottes exzerpiert Büchner auch am Ende der *Spinoza*-Vorlesung (vgl. HA II,289): »daß Gott nicht nur den Grund alles Seyns, sondern auch alles Nichtseyns in sich enthalte«.

50,29 *Quod erat demonstrandum:* dt. ›was zu beweisen war‹; auf Euklid zurückgehende Formel am Schluss mathematischer Beweisführungen.

51,2f. *ein Attribut desselben, wie Spinoza sagt:* Anspielung auf Spinoza, *Ethik* II, propositio I und II: »Cogitatio attributum Dei est [...]. Extensio attributum Dei est« (*Opera* II,78f.).

51,3 *Gott in allem:* vermutlich Variante von Spinoza, *Ethik* I, propositio XV: »quicquid est, in Deo est«, was Büchner in seiner Vorlesung mit »Alles was ist, ist in Gott« wiedergibt (vgl. HA II,243).

51,11–14 *eine Ursache muss ... als das Vollkommene denken:* Ebenso argumentiert Büchner in seiner Vorlesung anlässlich von Spinozas »Begriff der einen [...] Substanz«: »Sie ist für ihn die Weltursache, worin Alles ist; sie ist ewig und unendlich, – aber sie ist nicht Gott, sie ist nicht das absolut vollkommne, moralische Wesen des Deismus, – sie ist nichts anders, als was jeder Atheist selbst, wenn er einigermaßen consequent verfahren will, anerkennen muß« (vgl. HA II,239f.).

51,12 *aber wer sagt Ihnen denn, dass:* häufige Fragefigur Büchners im Zusammenhang mit Gottesbeweisen: »aber was zwingt mich denn Gott überhaupt zu setzen?« – »aber was berechtigt mich denn, Gott zu denken«? – »was zwingt uns denn etwas Vollkommnes zu denken?« (Vgl. HA II,144, 238 und 239.)

51,18f. *Voltaire wagte es ... mit den Königen zu verderben:* Der französische Philosoph Voltaire (1694–1778) wurde zeitweilig von Ludwig XV., Stanislaus I. von Polen und Friedrich II. von Preußen protegiert: »So schmeichelte er aus Eitelkeit den Großen und suchte deshalb oft ihre Gesellschaft« (Brockhaus 1830, XI, 779).

51,18–21 *mit Gott ... verderben ... Stümper:* vermutlich Anspielung auf Voltaires Auseinandersetzung mit d'Holbach und dem atheistischen Flügel der französischen Aufklärung; z. B. argumentiert Voltaire in dem Artikel »Dieu« des *Dictionnaire philosophique* (II, *Œuvres complètes* XVIII,376) zugunsten eines ›Weltarchitekten‹, an den wir auch noch glauben müssten, wenn sein Gebäude mit Blut und Verbrechen besudelt sei.

52,2f. *Brotmännchen kneten:* als Langeweile- und Protesthandlung belegt in Heine, *Ideen. Das Buch Le*

Grand, Kap. VII (in: *Reisebilder* II,149; vgl. DHA VI,191 f.), und in *Aus den Memoiren des Herren von Schnabelewopski* I, Kap. 8 (in: *Der Salon* I,283).

52,12–14 *das Böse leugnen ... empört sich dagegen:* ähnlich Büchner 1836 in seiner Vorlesung über Spinoza in Auseinandersetzung mit dessen Gottesbeweis (vgl. HA II,236 f.): »Wenn man auf die Definition von Gott eingeht, so muß man auch das Daseyn Gottes zugeben. Was berechtigt uns aber, dieße Definition zu machen? / Der Verstand? / Er kennt das Unvollkommne. / Das Gefühl? / Es kennt den Schmerz.«

52,15 f. *Das leiseste Zucken des Schmerzes ... nur in einem Atom:* antwortet möglicherweise auf das in den *Éléments de la philosophie de Newton* (*Œuvres complètes* XXII,406 f.) vorgetragene sophistische Argument Voltaires: da eine kurze schmerzerfüllte Zeitspanne nicht zur Leugnung Gottes veranlasse, gäbe eine längere Zeitspanne dazu ebenfalls kein Recht.

52,17 *Riss in der Schöpfung von oben bis unten:* mit der Wendung »von oben bis unten« vermutlich Anspielung auf den Bericht über Jesus' Tod in NT Matthäus 27,51 f.: »Und siehe da, der Vorhang im Tempel zerriß in zwey Stücke, von oben an bis unten aus; Und die Erde erbebete, und die Felsen zerrissen«. Der Sinn ist vermutlich: nicht erst der Tod des Gottessohnes, sondern auch jeder geringfügige Schmerz »macht einen Riss in der Schöpfung«.

52,18 *Und die Moral:* Die Annahme, dass ohne Gott moralische Werte unbegründbar würden, gehörte zu den Standardargumenten religionsphilosophischer Diskussionen.

52,23 f. *Ich handle meiner Natur gemäß:* vgl. Büchners Brief an die Eltern, Febr. 1834: »es kann mir aber Niemand wehren, [...] dem, was mir unangenehm ist, aus dem Wege zu gehen.«

52,35 f. *das Resultat freilich würde gleich Null sein:* zur

Bestimmung Gottes als »Nichts = 0« bei Lorenz Oken vgl. Erl. zu 67,4f.

53,2 *Madame Momoro:* Gemeint ist die junge Frau des Buchdruckers Antoine François Momoro (1756–94), der ein Führer der Cordeliers war und mit Hébert hingerichtet wurde. Sie hatte am 10. Nov. 1793 beim ersten »Fest der Vernunft« in Notre-Dame die »Göttin der Vernunft« dargestellt (vgl. UZ XI,208f.).

53,3f. *Rosenkränze ... in den Leisten:* Anspielung auf die geschwollenen Lymphdrüsen »in den Leisten« bei einer Syphilisinfektion.

53,7–10 *er wird sich ... zu verfehlen:* vermutlich Variation eines auf Pascal zurückgehenden Gemeinplatzes, mit dem religiös Unentschlossenen geraten wird, den sichersten Weg einzuschlagen; ein Rat, den Payne hier mit Anspielung auf exemplarische rituelle Handlungen der drei großen Weltreligionen, Christentum, Islam und Judentum – »die [letzte] Ölung geben, die Füße nach Mekka [...] legen, und sich beschneiden lassen« –, verspottet.

53,11–28 *Danton ... wagen würden:* vgl. Thiers VI,210f. über die Einlieferung von Danton, Camille, Philippeau und Lacroix ins Luxembourg: »Lacroix sagte zu Danton: Uns verhaften! uns! Nie hätte ich das geglaubt! – ›Du hättest das nie geglaubt? antwortete Danton; ich wußte es wohl, man hatte es mir gesagt.‹ – Du hast es gewust und hast nicht gehandelt! rief Lacroix; siehe da den Erfolg deiner gewohnten Trägheit; sie hat uns zu Grunde gerichtet. – ›Ich glaubte nicht, antwortete Danton, daß sie es je wagen würden, ihren Plan auszuführen.‹ [...] Hérault-Séchelles, der einige Tage früher ins Gefängniß gekommen war, eilte seinen Freunden entgegen, und umarmte sie freudig. – ›Wenn die Menschen Dummheiten begehen, sagte Danton, so muß man darüber lachen.‹« (Nach der Übers. von R. Mohl, VI,136.)

53,16 *zu Bett gehn:* möglicherweise Anspielung auf die

Guillotine. Für das Brett, an dem die Delinquenten festgebunden wurden, war die Bezeichnung »Bett« (frz. »lit«) geläufig.

53,17 *Dogge mit Taubenflügeln:* nach Nodier (*Souvenirs* II,87) eine von Mercier erfundene Kurzcharakterisierung Dantons, die auf eine seit dem 17. Jh. verbreitete und vorwiegend von Adligen getragene Perücke anspielt, bei der die Lockenrollen auf beiden Seiten des Kopfes als »Flügel« bezeichnet wurden.

53,18 *der böse Genius der Revolution:* angelehnt an Mercier I,XX; dort wird Danton als »le mauvais génie de la France« bezeichnet.

53,26 *Schlagfluss:* zeitgenössisch für »Schlaganfall« bzw. »Gehirnschlag«.

53,29–31 *in die Erde … zum Schemel:* vermutlich Anspielung auf NT Apostelgesch. 7,49: »Der Himmel ist mein Stuhl, und die Erde meiner Füße Schemel.«
Leichdörner: zeitgenössisch für »Hühneraugen«.

54,4–7 *Was Sie … nicht stolpern:* als Ausspruch Dantons überliefert u. a. bei Thiers VI,211: »Als er nun Thomas Payne sah, so sagte er zu ihm: ›Was Du für die Freiheit und das Glück Deines Landes gethan hast, habe ich vergeblich für das meinige thun wollen; ich war weniger glücklich, allein nicht schuldiger. – Man schickt mich auf das Blutgerüste; wohlan, meine Freunde, man muß fröhlich dahin gehen.‹« (Nach der Übers. von R. Mohl, VI,136.) Ähnlich auch UZ XII,124 und Proussinalle II,71.

54,8f. *Das Blut … ersäuft dich:* vermutlich nach dem in UZ XII,278 sowie bei Mignet (L7: II,469) überlieferten Zuruf eines Abgeordneten angesichts des mit Verhaftung bedrohten und um Atem ringenden Robespierre bei dessen letzter Konventsrede: »Das ist Dantons Blut, das […] deine Sprache erstickt«.
zweiundzwanzig: eine auch in GH IV,190 überlieferte Bezeichnung für die am 31. Okt. 1793 hingerichteten 21 girondistischen Abgeordneten, zu denen die zeitgenössi-

sche Geschichtsschreibung noch den bereits am 7. Okt. hingerichteten Abgeordneten Gorsas hinzuzählte.

54,10f. *Die Macht ... sind eins:* höhnische Anspielung auf eine – gegenüber der Überlieferung in UZ IX,444 kaum veränderte – Passage aus einer öffentlichen Rede Héraults.

54,12f. *Generalprokurator der Laterne:* höhnische Anrede an Desmoulins, dem man mit Blick auf seine publizistische Tätigkeit von 1789/90 (*Discours de la lanterne aux Parisiens*) und in Anspielung auf Akte der ›Volksjustiz‹, bei der Revolutionsgegner an Laternen aufgehängt wurden, nachsagte, er habe sich selbst als »Generalbevollmächtigter der Laterne« bezeichnet (vgl. Mercier II,3f.); als Bezeichnung für Desmoulins auch in GH IV,188 und UZ XII,279 überliefert.

54,24f. *ich gehe ... nass geworden:* bei Thiers VI,212 überlieferter Ausspruch Camilles.

III/2

54,28f. *Ein Zimmer ... Herman:* Der in der Szene dargestellten Absprache über die rechtswidrige Auswahl der Geschworenen im Dantonistenprozess liegen die Mitteilungen bei Thiers VI,215 zugrunde, dass der Anklagevertreter Fouquier, die Richter und die Geschworenen sich Danton nicht gewachsen gefühlt hätten. Entgegen den gesetzlichen Bestimmungen seien die Geschworenen deshalb nicht ausgelost, sondern nach ›Solidität‹ ausgewählt worden.

55,9 *Heckefeuer:* »Heckfeuer [...] bey der Infanterie, [...] wenn die Soldaten einzeln aus ihren Gliedern heraus springen, Feuer geben, und alsdann wieder in das Glied treten und laden« (Adelung 1796, II,847); als sarkastische Bezeichnung der Geschworenen für die gleichzeitige Verurteilung mehrerer Angeklagter überliefert in UZ XII,20.

55,10 *ihrer neunzehn:* eine wohl irrtümlich aus dem Hébertistenprozess übernommene Zahl. – Tatsächlich wurde von 16 Angeklagten einer freigesprochen.
55,11 *vier Fälscher:* die wegen Fälschung des Dekretentwurfes über die Modalitäten der Auflösung der Handels- und Kapitalgesellschaft der Indienkompanie am 16. März 1794 unter Anklage gestellten Abgeordneten »Fabre, Chabot, Bazire, Delaunay« (Thiers VI,212).
55,11 f. *einige Bankiers und Fremde:* die fünf ausländischen Geschäftsleute, die ebenfalls in der Affäre um die Indienkompanie wegen illegaler Bereicherung angeklagt waren.
55,13 *Wer z. B.:* Die folgende Auswahl entspricht nicht der tatsächlichen Zusammensetzung der Jury im Dantonistenprozess. Ihr gehörten von den Genannten nur an: Léopold Renaudin, Jacques-Nicolas Lumière und Pierre-Nicolas-Louis Leroi; außerdem Desboisseaux, Trinchard, Ganney und Souberbielle.
55,14–28 *Leroi, er ist taub … sehr gut:* weitgehend nach einer Erzählung über die Geschworenen des Revolutionstribunals bei Proussinalle II,176–181.

III/3

56,2 *Das Luxemburg:* Gemäß dem üblichen Verfahren, demzufolge man die Häftlinge vor Prozessbeginn in die Conciergerie des Palais de Justice überführte, wurden die im Dantonistenprozess angeklagten Abgeordneten in der Nacht vom 1. auf den 2. April in die Conciergerie verlegt. Dieser auch Büchners historiographischen Quellen entsprechende Ortswechsel veranlasste frühere Editoren zu der dem handschriftlichen Befund widersprechenden Änderung »Die Conciergerie« für »Das Luxemburg«.
56,6–9 *Wie, so viel Unglückliche … Schlachtbank sei:* nach dem Bericht in UZ Suppl. V,63 f. über Lacroix' »Erstaunen« angesichts all der »Unglücklichen« in der

Conciergerie: »›Wie kommt es, daß so viele junge Mädchen hier eingekerkert sind!‹ schrie er. Alles befremdete ihn, die Form des Tribunals, die harte Gefängniß-Kost, die Zahl der Gefangenen. ›Was!‹ sagte einer von ihnen, ›sind Ihnen nie Karren mit Schlachtopfern begegnet, wodurch Sie erfuhren, daß in Paris eine Menschenschlachtbank sey?‹ – ›Nein‹ erwiederte er, ›mir sind nie Karren begegnet.‹« (Vgl. auch Thiers VI,214.)

56,8 *Guillotinenkarren:* Die Delinquenten wurden auf offenen Karren vom Palais de Justice zur Place de la Révolution gefahren.

56,10–16 *Nicht wahr … verkörpert werden:* Mercier zitiert revolutionäre Aussprüche: »die Gleichheit schwingt ihre Sichel« lautet z. B. eine in der *Gazette nationale* (L7: 1063) überlieferte Wendung in einer jakobinischen Petition im Konvent am 5. Sept. 1793 (»Il est tems que l'égalité promene sa faulx sur toutes les têtes«), und »die Guillotine republikanisiert« findet sich in einem in UZ XII,19 zitierten Schreiben »aus den Departementen«.

56,12f. *Da klatschen … reiben sich die Hände:* ein in UZ häufiges und charakteristisches Bild für das Zusammenspiel zwischen Rednern der »Bergpartei« und der plebejischen Öffentlichkeit auf den Galerien.
die Römer: vgl. Erl. zu 8,4.

56,20f. *wie Bajazet seine Pyramiden:* Bajasid II. (1448–1512), ein osmanischer Sultan, soll nach einem Balkanfeldzug aus mehreren Tausend Köpfen seiner besiegten Gegner zwölf Pyramiden erbaut haben (vgl. L3: *Allgemeine Encyclopädie der Wissenschaften und Künste* VII,192f.).

56,26–32 *Es ist jetzt ein Jahr … verlassen zu machen:* in mehrfachen Variationen (z. B. UZ XII,124 und Thiers VI,213) überlieferte Aussprüche Dantons; besonders nahe ist GH IV,118: »C'est à pareille époque, disait-il, que j'ai fait instituer, il y a un an, le tribunal révolutionnaire; j'en demande pardon à Dieu et aux hommes«, sowie ebd.: »Messieurs, j'espérais dans peu vous faire sortir d'ici, mais m'y voilà moi-même avec vous, et je ne sais pas maintenant comment cela finira.« – Am 10. März 1793 hatte Danton den Konvent nach einer ergebnislosen Debatte über die Organisation des Revolutionstribunals mit dem Hinweis auf die prekäre militärische Lage und die drohende Selbstjustiz des Volkes dazu veranlasst, unverzüglich einen Entschluss zu fassen.

III/4

Die Szene folgt Thiers (VI,215–221; vgl. Dok. 5, S. 152–154). Weitere Details aus UZ XII,106–111 und GH IV,118f.

57,4–6 *Meine Wohnung ... Pantheon der Geschichte:* mehrfach (z. B. in UZ XII,107; ähnlich Thiers VI,215 und GH IV,118) überlieferter Ausspruch Dantons zu Beginn der Verhandlung (vgl. Dok. 3, S. 148). – Das Pantheon war ursprünglich ein allen Göttern geweihter Tempel in Rom. »Dem neuern Sprachgebrauch zufolge, denkt man bei Pantheon, z. B. bei dem in Paris, weder an Götter, noch an Heilige, sondern an große Männer, deren Andenken darin geehrt werden soll« (Campe VI,456).

57,7f. *Mirabeau:* Gabriel Honoré Riqueti, Graf Mirabeau (1749–91) führte nach kurzer militärischer Laufbahn das Leben eines Abenteurers und Libertins; auf Betreiben seiner Familie mehrfach inhaftiert; trat für die konstitutionelle Monarchie ein und stand seit Ende 1789 im Dienst des Hofes. Danton wurde bereits 1789 vorgeworfen, mit Mirabeau und dem Hof zusammenzuarbeiten; Saint-Just bezichtigte ihn später, er habe sich von Mirabeau zugunsten des Herzogs von Orléans bestechen lassen.

57,8 *Dumouriez:* vgl. Erl. zu 46,9.
Orléans: Gemeint ist Louis Philippe Joseph, Herzog von Orléans (1747–93); Abgeordneter der Verfassunggebenden Versammlung und des Konvents; seit 1791 Mitglied des Jakobinerklubs; trug den Familiennamen »Égalité«; stimmte im Prozess gegen Ludwig XVI., seinen Vetter, für dessen Tod; nach der Desertion und Emigration seines Sohnes mit Dumouriez festgenommen und am 6. Nov. 1793 mit den Girondisten hingerichtet. Orléans wurde vorgeworfen, die Regentschaft bzw. einen Dynastiewechsel anzustreben.
Girondisten: vgl. Erl. zu 11,8.

57,9 *Faktion Ludwig des Siebzehnten:* die Partei (lat./frz. »faction«) des Hofes, die in Ludwig XVII. (1785–95), Sohn Ludwigs XVI., nach der Hinrichtung des Vaters den rechtmäßigen König Frankreichs sah.

58,9 *gedenken Sie Marats:* Der Konvent hatte am 13. April 1793 die Anklageerhebung gegen Marat beschlossen. Dieser stellte sich und wurde am 24. April von der Anklage freigesprochen.

58,17–19 *auf dem Marsfelde … 21. Januar:* Mit dieser – so nicht quellenabhängigen – Datenreihe lässt Büchner Danton, der wegen einer Konspiration zur Wiederherstellung der Monarchie angeklagt war, sich als konsequenten Kämpfer gegen die Monarchie darstellen.
Marsfelde: Büchners Quellen zufolge (vgl. UZ V,55, GH IV,112) ließ Danton die auf dem Marsfeld, einem ausgedehnten Exerzierplatz zwischen Seine und Militärakademie, versammelten Republikaner am 17. Juli 1791 – wenige Wochen nach dem Fluchtversuch Ludwigs XVI. – eine Petition unterzeichnen, in der die Nationalversammlung zur Absetzung und Verurteilung des Königs aufgefordert wurde.

58,18 *10. August:* zu Dantons führender Rolle beim Sturz der Monarchie vgl. Erl. zu 70,12.

58,19f. *am 21. Januar … einen Königskopf:* Danton hatte

für die Hinrichtung Ludwigs XVI. am 21. Jan. 1793 gestimmt.

58,36 *im September:* vgl. Erl. zu 23,35.

58,37 *geätzt:* »ätzen« bedeutet »füttern, durch speise locken« (Grimm I,596).

59,2 *Reichen … Waffen geschmiedet:* nach Thiers' Zusammenfassung zur Rolle Dantons beim Sturz der Monarchie, wobei auch die Schaffung der Revolutionsarmee und deren Finanzierung »durch die Reichen« hervorgehoben ist (VI,230f.).

59,3 *Satelliten des Despotismus:* »Satelliten bedeutet in der Astronomie so viel als Trabanten […], auch Monde oder Nebenplaneten; von Menschen gebraucht, hat das Wort einen schlechten Nebenbegriff« (Brockhaus 1833, IX,664).

III/5

59,13 *Das Luxemburg:* Das für den Fortgang des Dantonistenprozesses entscheidende Gespräch zwischen Laflotte und Dillon im Luxembourg-Gefängnis fand am Abend des zweiten Verhandlungstages (3. April) statt. Vermutlich am frühen Morgen des dritten Verhandlungstages brachte Laflotte die angebliche Verschwörung zu einem prodantonistischen Aufstand zur Anzeige. Thiers datiert Dillons ›Verschwörung‹ auf den Abend des ersten Verhandlungstages (2. April) und Laflottes Anzeige auf den zweiten Prozesstag. Die Szene folgt der Darstellung bei Thiers (VI,222ff.).

59,15 *Gefangenwärter:* zeitgenössisch übliche Form für »Gefangenenwärter«.

59,16–29 *Kerl leuchte … lesen wollt:* Witzdialog um das Bild der »feurig[en]« Trinkernase als leuchtende, Wasser anziehende »Mondsichel«.

59,30–60,2 *Da Kerl … zu den Brücken:* nach unterschiedlichen Passagen bei Thiers VI, 218–224.

60,2 *Justizpalast ... Brücken:* Der Palais de Justice, in dem das Revolutionstribunal tagte, liegt auf einer Insel in der Seine.

60,9 *Decemvirn:* vgl. 6,34 mit Erl.

60,19–26 *Blutschande treiben ... Augen nicht ausreißen:* Anspielungen auf die griechische Sage von König Ödipus, der ohne sein Wissen, gemäß einem Orakelspruch, den Vater tötet und seine Mutter heiratet. Als ihm das Geheimnis seiner Herkunft enthüllt wird, sticht Ödipus sich die Augen aus und verlässt seine Heimatstadt Theben. – »Augen [...] ausreißen« ist weiter angeregt durch NT Matthäus 5,29: »Aergert dich aber dein rechtes Auge, so reiß es aus, und wirf es von dir«.

60,23 *Assignaten:* »Papiergeld, dem diejenigen Güter, welche für das Eigenthum des Staates erklärt waren, zum Unterpfande dienten [...]; also eine Staatsanweisung« (Campe VI,131). Die Assignaten dienten von April 1790 bis März 1796 als Zahlungsmittel.

61,7 *gemein:* »In Menge vorhanden, häufig. [...] Häufig, ja gewöhnlich wird damit der Begriff des Verächtlichen, Mittelmäßigen verbunden« (Campe II,299).

61,10f. *ich fürchte den Tod nicht, aber den Schmerz:* angelehnt an Kernsätze der epikureischen Philosophie (vgl. Erl. zu 8,7). Vgl. Büchners Exzerpt zur *Geschichte der Griechischen Philosophie*: »Alle beseelten Wesen streben nach [...] Entfernung des Schmerzes« (HA II,403f.); »Der Tod [...] ist kein Uebel, weil der Mensch nach dem Tode nicht mehr existirt« (HA II,407).

61,11–13 *Man sagt zwar ... zerlegt eine Tertie:* vermutlich Anspielung auf die 1795 von K. E. Oelsner und S. T. v. Soemmerring eröffnete medizinische Debatte darüber, ob das Gehirn als Sitz des Bewusstseins die Guillotinierung für kurze Zeit überlebe oder ob der Tod des Delinquenten in dem Moment der sichtbaren Wirkung des Fallbeils eintrete.

Tertie: »der 60. Theil einer Secunde« (Brockhaus 1833, XI,130).

III/6

Die Szene folgt Thiers (VI,224–226). Weitere Details u. a. aus UZ XII,14 und 39.

61,26 *Barère. Collot d'Herbois. Billaud-Varenne:* Mitglieder des Wohlfahrtsausschusses, die später Robespierres und Saint-Justs Sturz unterstützten.

61,30f. *sie appellierten an das Volk:* der »Appell ans Volk« galt als Rechtsinstitution der römischen Republik, die dem Angeklagten erlaubte, gegen Gerichtsurteile »an das Volk« als an die höchste Rechtsinstanz zu appellieren.

61,33 *Jupiter ... schüttelte die Locken:* Jupiters oder Zeus' Lockenschütteln galt als Zeichen seines Unmuts.

62,1 *Samson:* die Pariser Scharfrichter Charles-Henri (1739–1806) bzw. Henri (1767–1840) Sanson, Vater und Sohn. – Zur Schreibweise »Samson« (auch in UZ VIII, 219f.) vgl. Büchners Brief an Gutzkow, um Mitte März 1835: »meine Muse [ist] ein verkleideter Samson«.

62,2f. *die Fischweiber und die Lumpensammler:* Die Zusammenstellung entspricht dem späteren Begriff des Lumpenproletariats. In der französischen Kultur des 19. Jh.s galten sowohl Fischweiber (»poissardes«, »poissonnières«) als auch Lumpensammler (»chiffonniers«) als faszinierende oder angsterregende Antagonisten bürgerlicher Ordnung, und vor allem Fischweiber werden in den Revolutionsbeschreibungen als Triebkräfte von Aufständen genannt.

62,6f. *insolente Physiognomien:* zur Charakterisierung Dantons als »insolent« (»unverschämt, grob, anmaßend«; Heyse 210) vgl. seinen mit der Geste des ›Tretens‹ verbundenen, aber ausschließlich gegen die Robespierrefraktion gerichteten Satz: »Ich konnte dergleichen gespreizte Catonen nie ansehn, ohne ihnen einen Tritt zu geben« (8,27–29).

62,12 f. *wie der hörnerne Siegfried ... unverwundbar:* In der germanischen Sage vom »gehörnten Siegfried« wird berichtet, wie Siegfried nach der Tötung eines Drachens »in der durch Feuer geschmolzenen hörnernen Haut des getödteten Drachen badete und davon selbst gehörnt wurde, bis auf eine Stelle zwischen den Schultern, wo er verwundbar blieb« (Brockhaus 1843, XIII,307). In den älteren Überlieferungen des Nibelungenlieds machte ihn das Bad im Blut des Drachen unverwundbar.

Septembrisierten: die Opfer der September-Massaker von 1792. Vgl. Erl. zu 23,35.

62,16 f. *Die Geschwornen ... Debatten schließen:* Ein Dekret gestattete dem vorsitzenden Richter nach drei Sitzungen, die Geschworenen zu fragen, ob sie »hinlänglich unterrichtet« seien, und dann das Verfahren zu beenden.

62,20 f. *Wagt! Danton soll ... gelehrt haben:* hier vermutlich Anspielung auf Dantons u. a. in UZ V,460 f. überlieferten Ausspruch: »Kühnheit, abermals Kühnheit und nichts wie Kühnheit« (vgl. UZ XII,74).

62,23–25 *er hat etwas in seiner Gestalt ... notzüchtigen könnte:* mehrfach Saint-Just zugeschriebene Worte; vgl. UZ V,55: »mit seiner colossalen Gestalt [...], vor der [...] selbst die Freiheit zitterte«.

notzüchtigen: vergewaltigen; auch: »Gewalt anthun« (Adelung 1811, III,535).

62,27 *St. Pelagie:* das ehemalige Hospiz für Prostituierte diente seit 1792 als Gefängnis.

62,29 f. *Das ist unnötig ... für den Scharfrichter:* in UZ XII,14 überlieferter Ausspruch Billauds.

63,5–8 *Lucretia ... Tarquinius:* Weiterführung der Anzüglichkeiten über das Verhältnis zwischen Lucretia und dem Königssohn Sextus Tarquinius; vgl. Erl. zu 10,25.

63,13 f. *es ist … den Tod wünschest:* in UZ XII,14 überliefert als briefliche Äußerung Couthons; von Barère später wiederholt (vgl. 65,16 f.).

63,15 f. *dass die Guillotine zu lachen anfängt:* Dass die Gefangenen begonnen hätten, über Hinrichtungen zu scherzen, vermerkt Mercier (II,79): »On plaisante dans les cachots sur la Guillotine«.

63,24 *Bouteille:* Flasche.

64,13–17 *zu Rom … seine Ankläger:* aus Robespierres Grundsatzrede vom 5. Febr. 1794 (in UZ XII,39; vgl. Dok. 1, S. 147). – Die Niederschlagung der catilinarischen Verschwörung durch Cicero (vgl. 17,15 »Sallust […] Catilina travestieren« mit Erl.) wird in der Revolutionsrhetorik häufiger als Beispiel für vorbildliche politische Energie und für die politische Rechtmäßigkeit auch gesetzwidriger Mittel im Kampf gegen Revolutionsgegner angeführt.

64,21–23 *wie Jupiter der Semele … in Asche verwandeln:* »Semele […] war von solcher Schönheit, daß sie Jupiter's Liebe gewann […]. Sie zu verderben, erschien ihr die eifersüchtige Juno […]; sie solle, rieth sie trüglich, ihn bitten, daß er ihr in seiner ganzen Majestät erscheinen möchte. […] Vergebens suchte er [Jupiter] sie zum Widerruf zu bewegen, als er ihren Wunsch vernommen; da trat er auf in der Majestät eines Gottes, bewehrt mit Donner und Blitzen. Die Sterbliche konnte den Anblick nicht ertragen und sank, von den Flammen in Asche verwandelt, entseelt nieder.« (Brockhaus 1833, X,138.)

64,23 f. *Geh St. Just … Donnerkeil:* Collot spielt auf die Saint-Just zugeschriebene Charakterisierung der Revolution als »zerschmetternder Donnerschlag« (UZ XI,398) an.

64,28 *Spezifikum:* »sicheres Heilmittel« (Heyse 436).

Lustseuche: Syphilis; zeitgenössisch auch als »Venus-Seuche« bezeichnet (vgl. Adelung 1811, I,2138).

64,29 *Moderierten:* nach frz. »modéré« (›gemäßigt‹); in den Monaten des Streits mit den Hébertisten, den »exagérés«, zugleich Parteiname für die dantonistische Fraktion.

64,31 *Bis jetzt geht unser Weg zusammen:* Andeutung späterer Konflikte im Wohlfahrtsausschuss, bei denen Robespierre, Saint-Just und Couthon gegenüber Billaud, Collot, Barère u. a. in die Minderheit gerieten.

65,4 *Clichy:* Vorort von Paris, in dem u. a. Barère, Vadier und Vouland sich laut Proussinalle II,167–169 regelmäßig in einem Haus Barères mit ihren Mätressen getroffen haben sollen.

65,6 *über dem Ort steht ein Haarstern:* vermutlich Anspielung auf die Heiligen Drei Könige, die von einem Kometen zur Geburtsstätte des Messias geführt wurden: »Und siehe, der Stern […] stand über dem Hause, worin das Kind zu finden war« (NT Matthäus 2,9). – »Haarstern« ist »ein mit hellem strahligem Lichte wie mit Haaren umgebenes Gestirn […] (Comet)« (Campe II,490); zugleich möglicherweise Anspielung auf das weibliche Schamhaar.

65,7f. *unter dessen versengenden Strahlen … ausgedörrt wird:* Anspielung auf die »Rückendarre« (Tabes dorsalis), eine Erkrankung des Rückenmarks, die nach zeitgenössischer Annahme vor allem »durch geschlechtliche Ausschweifungen verschuldet wird« (Brockhaus 1833, IX,454).

65,10 *Demahy:* Pierrette Jeanne (de) Mailly, geschiedene Frau des Druckers Mailly, Gefährtin des Unternehmers Travanet, der vor 1789 einen Spielsalon betrieben hatte und in dessen Kreisen Barère verkehrte.

65,14 *Mahomet:* Die Anspielung auf den historischen Religionsstifter Mohammed ist vermutlich überlagert durch die auf den Titelhelden von Voltaires Drama *Ma-*

homet (1742, übers. von Goethe 1802). Unter Büchners Quellen misst Mercier (IV,146ff.) den »Religionsstifter« Robespierre kritisch an dem historischen Mohammed und nennt ihn »le parodiste du législateur de la Mecque« (ebd. 149). Dagegen vergleicht Vilate (L7: *Causes secrètes* 177) in Anlehnung an Voltaires Drama Robespierre mit dem »Betrüger« Mahomet, der aus machtpolitischen Gründen eine Religion stiftet (ebenso UZ XII,242).

65,20 *Septembriseurs:* Gemeint sind die sansculottischen Aufständischen, die im Sept. 1792 politische Gefangene töteten. Vgl. Erl. zu 62,12f. »Septembrisierten«.

65,32f. *machen zwei einen Haufen … wie viel dann:* bekannter sophistischer Kettenschluss, um »jemanden durch fortgesetztes Fragen nach der Zahl der Körner, die zur Bildung eines Haufens nöthig sind, in Verlegenheit zu setzen. Man fragte nämlich zuerst, ob 1 Korn einen Haufen bilde, und da dieß natürlich geleugnet wurde, so setzte man immer nur 1 Korn hinzu; woraus dann zu folgen schien, daß nie ein Haufen zu Stande kommen könne« (L3: *Krug's encyclopädisch-philosophisches Lexicon* I,30).

65,33f. *komm mein Hühnchen, komm bi, bi, bi:* nach dem Kinderlied in *Des Knaben Wunderhorn* (L2a: III,318): »Kommt Hüner bibi«.

65,35f. *Verdächtig war ich … der Tod war mir gewiss:* Zwischen Herbst 1792 und Winter 1793/94 wurde Barère verschiedentlich als politischer Freund der Girondisten angegriffen.

III/7

66,2 *Die Conciergerie:* Wie in allen Prozessen üblich, waren die Angeklagten des Dantonistenprozesses mit Anklageerhebung in die Conciergerie des Justizpalastes verlegt worden (vgl. auch Erl. zu 56,2 »Das Luxemburg«). Dort wurden sie verwahrt bis zur Urteilsverkündung und ihrem Abtransport zur Hinrichtung am 5. April.

66,9 *einem noch notzüchtigte:* vgl. Erl. zu 62,23–25; zum Dativgebrauch vgl. Erl. zu 5,9.

66,12 *die Pakten:* zeitgenössisch noch gebräuchlicher Plural von lat. »pactum« (»Vertrag«; vgl. Heyse 307).

66,13–15 *die Bettdecke gehoben ... mit seinen kalten Gliedern:* vermutlich angeregt durch Tieck, *William Lovell* IX, 5. Brief: »Ach, noch weit entsetzlicher ist das einsame Krankenbette, in das der Tod nach und nach mit hineinkriecht, sich mit uns unter einer Decke verbirgt und so vertraulich thut« (Tieck VII,185).

66,21 f. *Da liegen allein ... Dunst der Fäulnis:* vermutlich angeregt durch Shakespeare, *Maaß für Maaß* III/1: »Da liegen, kalt, eng eingesperrt, und faulen; [...] das ist zu entsetzlich« (Shakespeare 1825, V,329).

66,23 *Fibern:* »Fibern heißen die feinen Fasern oder zarten Fäden, aus welchen die festen Theile der Thier- und Pflanzenkörper zusammengewebt sind« (Brockhaus 1833, IV,99).

66,25–27 *wie die Herbstzeitlose ... Samen trägt:* Der Vergleich ist möglicherweise angeregt durch Sätze bei Oken (L2b: *Lehrbuch der Naturphilosophie* III,219), wonach der Samen der Pflanzen und Tiere das materiale Analogon des Geistes sei: »2900. Es gibt keinen absoluten Tod. 2901. Der Geist geht nie verloren. Er geht durch den Samen in das neue Geschöpf über. 2902. Das Faulen ist ein Samenbilden.«

66,31 f. *göttliche Klassentheorie? Von Prima nach Secunda:* Anspielung auf die im 18. Jh. verbreiteten Vervollkommnungstheorien, die z. B. Fichte (*Die Bestimmung des Menschen*, S. 235) summierend so wiedergibt: »Am besten fasset auch dieses die kunstlose Einfalt, wenn sie dieses Leben für eine Prüfungs- und Bildungs-Anstalt, für eine Schule zur Ewigkeit anerkennt«.

67,4f. *ist nicht das Nichts Gott:* so gelegentlich auch die zeitgenössische Philosophie, z. B. Hegel in seiner *Vorlesung über die Philosophie der Religion* (*Werke* XVI,376f.: »Gott ist das Nichts«), sowie Oken (L2b: *Lehrbuch der Naturphilosophie* I,18, Satz 46): »Die Ousia [d. i. das »Urwesen«] ist das Nichts = 0«.

67,5 *ich bin ein Atheist:* Selbstcharakterisierung Dantons nach UZ III,297.

67,6 *etwas kann nicht zu nichts werden:* vgl. Büchners Referat u. a. zu Epikurs *Physik* (HA II,405, nach L2b: Tennemann III,375): »Aus Nichts wird Nichts; ebensowenig kann aus Etwas Nichts werden«, sowie die *Spinoza*-Vorlesung (HA II,237): »aus e t w a s [kann] unmöglich n i c h t s werden«.

67,14 *der Ewige Jude:* »Nach der gewöhnlichen Annahme ist der ewige Jude der Schuhmacher A h a s v e r u s [...], der, als Christus auf dem Wege nach Golgatha vor seinem Hause ruhen will, ihn forttrieb« (Brockhaus 1843, V,149). Die Legende besagt, dass er »zur Strafe umherwandeln [muß], bis ihm Christus beim jüngsten Gericht das Urtheil sprechen wird« (ebd.).

67,15f. *Oh nicht sterben können, nicht sterben können:* nach Christian Friedrich Daniel Schubart, »Der ewige Jude. Eine lyrische Rhapsodie« (1783; zit. nach *Sämmtliche Gedichte*, Neue verb. Aufl., Bd. 2, Frankfurt a. M. 1829, S. 61–66, hier S. 62 und 65). Dort klagt Ahasver:

»S i e konnten sterben! – Aber ich Verworfner,
I c h kann nicht sterben! Ach, das furchtbarste Gericht
Hängt schreckenbrüllend ewig über mir.
[...]
Ha! nicht sterben können! nicht sterben können!«

67,24f. *keine Hoffnung im Tod ... organisierte Fäulnis:* vermutlich angeregt durch Oken (L2b: *Lehrbuch der Naturphilosophie* III,218): »2898. Der Tod ist nur ein Fortwachsen durch Rückgang in den organischen Urstoff. 2899. Der Tod ist ein organisirtes Faulen.«

III/8

Die Szene folgt Thiers (VI,226f.) und Proussinalle (II,83f.). Weitere Details aus UZ XII,424.

68,5 *Kommission:* hier »Untersuchungsausschuß« (Heyse 74).

68,8 *Das wird Sie zufrieden stellen:* Alle älteren Drucke überliefern hier entgegen der Handschrift: »Das wird sie zufrieden stellen.« Grund für Büchners Verwendung der unter Jakobinern nicht üblichen Höflichkeitsform »Sie« ist wahrscheinlich eine Fehldeutung des in der Quelle (Proussinalle II,83) stehenden »vous« als ›Sie‹ (Höflichkeitsform) statt als ›euch‹ (Plural). Denn gemeint ist offenbar, und zwar mit Blick auf das Kollektiv des Gerichts, der Wortsinn ›das wird euch zufriedenstellen‹.

III/9

Die Szene folgt Thiers (VI,223–228) und Proussinalle (II,80–84). Weitere Details u. a. aus UZ IX,173, 282 und 488f.

68,14f. *er hat keine Instruktion:* an die Zuhörer gewendet und spöttisch über den noch abwesenden, gleich darauf eintretenden Fouquier.

68,19–22 *Ich werde … meine Feinde zermalmen:* aus einer Rede Dantons vom 1. April 1793 (vgl. UZ IX,173 und 282).

68,20 *Zitadelle:* »in oder bei einer Stadt erbaute kleinere Festung« (Brockhaus 1833, II,684).

69,18 *Raben des Wohlfahrtsausschusses:* Raben gelten als »schicksalsverkündend, namentlich böses schicksal anzeigend« (Grimm XIV,5; vgl. auch L3: *Handwörterbuch des deutschen Aberglaubens* VII,345).

69,27 *Ihr wollt Brot … Köpfe hin:* ein in den Revolutionsgeschichten häufig variierter Ausspruch (vgl. UZ XII,287).

III/10

70,2 *Platz vor dem Justizpalast:* Die Szene, in der Büchner die Information aus Thiers VI,221, dass am ersten Verhandlungstag eine erregte Menschenmenge den Justizpalast umgeben habe, übernimmt, schließt zeitlich unmittelbar an die Gerichtsszene III/9 an.

70,8 *Samson:* vgl. Erl. zu 62,1.

70,12 *Danton war unter uns am 10. August:* Büchners Quellen zeichnen Danton als hauptsächlichen Organisator des Aufstands vom 10. Aug. 1792, der in der Nationalversammlung zur Suspendierung des Königs und zur Wahl eines Konvents führte.

70,13 *im September:* zu Dantons Rolle im Sept. 1792 vgl. Erl. zu 23,35.

70,15 f. *Und Lafayette … ein Verräter:* La Fayette war am 18. Aug. 1792 wegen Hochverrats angeklagt worden (vgl. Erl. zu 46,9).

70,28–31 *Das Veto … ihm gegeben:* vgl. 11,7 »das Veto« mit Erl.; der Vorwurf, Danton habe sich durch den Hof und das Ausland bestechen lassen, war auch – wenngleich eher indirekt – Bestandteil der Anklage Saint-Justs vom 31. März 1794. – Die Formulierung »Der Fremde« ist als Übersetzung von frz. »l'étranger« allerdings gegenüber dem Plural oder »das Ausland« ungewöhnlich.

70,34 *Alle. Es lebe Robespierre:* Die Artikulation des wechselhaften Volkswillens in dieser Szene variiert dessen völliges Umschlagen in Shakespeare, *Heinrich VI.*, 2. Teil, IV/8 von »Alle. Wir folgen unserm Cade! wir folgen unserm Cade!« zu »Alle. Clifford hoch! Clifford hoch! Wir folgen dem Könige und Clifford« (Shakespeare 1821, VIII,153 und 154; vgl. Dok. 8, S. 161 f.).

IV/1

Die Szenen IV/1 und IV/2 erschienen seit Karl Emil Franzos' Büchner-Ausgabe von 1879 [1880] in allen Editionen in umgekehrter Reihenfolge, was einer nachträglichen Umstellung Büchners in der Handschrift entspricht. Da die Erstdrucke von 1835 diese Umstellung ebensowenig berücksichtigten wie Büchners Überschreibung des Wortes »Unschuldige« (71,6) durch »Unglückliche« in der Handschrift, wurden diese Änderungen in der Marburger Ausgabe, deren Emendierter Text dem Zustand der Handschrift als Druckvorlage im Febr. 1835 folgt, als »spätere Fassung« beurteilt (vgl. MBA III.2,297 und 256).

71,5–10 *Wie kann man … Sinn des Tigers:* nach einem bei Nodier (*Souvenirs* I,111 f.) wiedergegebenen Gespräch zwischen Dumas und einem Besucher aus der Provinz nach einer der »séances les plus tragiques du tribunal«: »›Vos jugements me font horreur, lui dit-il, et tes jurés sont des monstres. Comment ose-t-on disposer de la vie de tant d'accusés après quelques minutes d'instruction? – Cela est extraordinaire en effet, répondit Dumas en tournant sur lui un regard assuré; mais les révolutionnaires ont un sens que n'ont pas les autres hommes, et qui ne les trompe jamais.‹ Hélas! oui, les malheureux avoient un sens que n'ont pas les autres hommes! l'instinct du tigre«. – Die Wendung »Sinn des Tigers« ist möglicherweise mitangeregt durch die deutsche Wiedergabe der Thesen des Anatomen F. J. Gall, menschliche »Fähigkeiten und Neigungen«, z. B. »Sachsinn«, »Ortsinn«, »Tonsinn«, seien an »Orte der Gehirntheile« gebunden (nach Brockhaus 1830, IX,679). Gall behauptete einen »Würgesinn« (ebd.), der auch die Tiger beherrsche.

71,19–21 *römischer Consul … dem Vaterlande zu opfern:* Kombination berühmter Gesten verschiedener Personen: der Konsul Lucius Junius Brutus ›opferte‹ der Republik seine Söhne (vgl. 23,8 »Brutus, der seine Söhne opfert« mit Erl.) und Cäsar verhüllte sein Haupt vor seiner Ermordung; zugleich Variation der Wendung »sein Idol dem Vaterlande opfern« aus Robespierres Grundsatzrede vom 5. Febr. 1794 (überliefert in UZ XII,29).

IV/2

72,3 *Blicke aus deinen Augen lesen:* vermutlich angeregt durch Desmoulins' letzten Brief an seine Frau Lucile vom 1. April 1794: »und ich ertappte mich, daß ich meine Blicke fest auf ihn geheftet hatte, als ob an seinen Kleidern, an seiner ganzen Person etwas von deiner Gegenwart, etwas von dir hängen geblieben wäre« (zit. nach *Revolutions-Almanach von 1796*, [hrsg. von Heinrich August Ottokar Reichard,] Göttingen [o. J.], S. 69).

IV/3

72,23 *nach Platon die Engel:* unklar; gemeint sind vermutlich die »Dämonen« in der Philosophie Platons (427–347 v. Chr.), die in der *Encyclopédie* (L3: I,493) als »Engel« bezeichnet werden und über die Büchner im Exzerpt zur *Griechischen Philosophie* notiert: »Was Plato von den Dämonen sagt ist sehr schwankend. Er sieht sie als Mittelwesen an, zwischen Menschen und Göttern« (HA II,371).

72,31 *verschütten:* hier in der Bedeutung von »verdecken« oder »bedecken«.

73,6 *Samson:* vgl. Erl. zu 62,1.

73,10 *meine Augen sinken:* »›die augen sinken‹, dem einschlafenden, dem sterbenden« (Grimm XVI,1100).

73,12 *Will denn die Uhr … Picken:* vgl. *Leonce und Lena* II/2: »Das Picken der Todtenuhr in unserer Brust ist langsam«. – Grimm XIII,1841 belegt »picken« u. a. als Geräusch der Pendeluhr und des Holzwurms.

73,13 f. *schiebt sie die Wände … wie ein Sarg:* in Verbindung mit dem Hinweis »so 'ne Geschichte« möglicherweise Anspielung auf Tieck, *Karl von Berneck* II/4: »Ist mir doch, als wenn die Wände zusammenrücken wollten, um mich zu erdrücken« (Tieck XI,44).

74,2 f. *den goldnen Tau des Schlafes:* entlehnt aus der Klage der Königin in Shakespeare, *Richard III.* IV/1: »Denn niemals Eine Stund' in seinem Bett / Genoß ich noch den goldnen Thau des Schlafs« (Shakespeare 1810, IX/1,140 f.).

74,7 f. *wie ein Ton sich selbst aushaucht:* »aushauchen« war u. a. als Euphemismus für »sterben« gebräuchlich (vgl. Adelung 1811, I,600).

74,13–35 *Oh! … Der Wahnsinn fasste mich bei den Haaren:* Dieselben – auch klaustrophobischen – Elemente wie in dieser Passage begegnen in Lenz' nächtlichen Albträumen: »Dann gerieth er zwischen Schlaf und Wachen in einen entsetzlichen Zustand; er stieß an etwas Grauenhaftes, Entsetzliches, der Wahnsinn packte ihn, er fuhr mit fürchterlichem Schreien, in Schweiß gebadet, auf, und erst nach und nach fand er sich wieder« (MBA V,47).

75,2–4 *Die Nachtgedanken … die Pucelle:* nach einer bei Proussinalle II,72 überlieferten Anekdote: »Camille Desmoulins entra, en tenant sous son bras les Nuits d'Young et les Méditations d'Harvey. Réal, en examinant ces livres, lui dit: ›Est-ce que tu veux mourir d'avance? Tiens, voilà mon livre, moi; c'est la Pucelle d'Orléans‹«. – *The Complaint, or Night Thoughts on Life, Death and Immortality* (1742–45) – die »Nachtgedanken« bzw. »les Nuits d'Young« – ist das bekannteste, im 18. Jh. viel gelesene elegisch-empfindsame Werk des englischen Dichters Edward Young (1683–1765). *La Pucelle d'Orléans* (1762), eine »Wundergabe des unsaubersten Witzes« (Brockhaus 1830, IX,777), ist ein antikatholisches, mit obszönen Episoden angereichertes komisch-heroisches Epos Voltaires über die Geschichte der Jeanne d'Arc.

IV/4

75,14 *Bestallung:* veraltet »Bestellung zu einem Dienste« (Adelung 1811, I,921).

75,25–30 *Wer ist der beste Fuhrmann? … in einer Viertelstunde tut:* angeregt durch den Dialog der zwei Totengräber in Shakespeare, *Hamlet* V/1: »Wer baut fester als der Maurer, der Schiffsbaumeister oder der Zimmermann?« »Der Galgenmacher, denn sein Gebäude überlebt an die tausend Bewohner.« (Shakespeare 1821, III,323; vgl. Dok. 9, S. 163.)

76,5 *Quarantän halten:* »die Gesundheitsprobe bestehen« (Heyse 379); erneut Anspielung auf die mögliche Infektion mit Geschlechtskrankheiten.

76,10f. *den König … zur Tafel gefahren:* nämlich zur »Tafel« der Würmer, als »Wurmfraß« (vgl. 75,20). In Shakespeare, *Hamlet* IV/3 antwortet der Titelheld auf die Frage, wo Polonius sei: »Beym Nachtmahl. […] Nicht wo er speist, sondern wo er gespeist wird. Eine gewisse Reichsversammlung von politischen Würmern hat sich eben an ihn gemacht. […] Der fette König und der magre Bettler sind nur verschiedene Gerichte; zwey Schüsseln, aber für eine Tafel« (Shakespeare 1821, III, 287f.).

76,17 *Steinrock:* in Verbindung mit der »eisernen Maske« (der Gitterstäbe) hier offenbar Umschreibung der Conciergerie, hinter deren Mauern Camille sich befindet.

76,20–23 *Es stehn zwei Sternlein … vor die Kammertür:* in vielen Varianten überlieferte Strophe. Büchner am nächsten steht die folgende Schlussstrophe aus dem Lied »O wie wohl ists jedem Menschen« (aufgezeichnet

1858 im Hessen-Darmstädtischen; L2a: *Deutscher Liederhort* II,463):

»Ste[h]n zwei Sternchen an dem Himmel,
Leuchten heller als der Mond:
Der eine leucht für mein feins Liebchen,
Der andre vor die Kammerthür.«

Zur Melodie vgl. MBA III.4,223.

IV/5

77,7–10 *Weißt du auch … des vers:* vielfach, wörtlich am nächsten von Reybaud (L7: *Mémoires authentiques* I,20f.) überlieferter Witz Dantons, der auf der Doppelbedeutung von frz. »vers« (»Verse« und »Würmer«) beruht. – Fabre d'Églantine hatte sich als Theaterdichter »durch seine Lustspiele, deren er 17 geschrieben hat«, einen Namen gemacht (Brockhaus 1833, IV,4).

77,13f. *Wir waschen unsere Hände:* Anspielung auf NT Matthäus 27,24: »Da aber Pilatus sahe, daß er nichts schaffete […]: nahm er Wasser, und wusch die Hände vor dem Volk und sprach: Ich bin unschuldig an dem Blute dieses Gerechten«.

77,15–18 *Ich lasse alles … meine Waden hinterließe:* zwei häufiger (UZ XII,124, Thiers VI,213, GH IV,118 u. ö.) überlieferte Aussprüche Dantons. – Couthon (vgl. Erl. zu 29,12) litt an einer Krankheit, die ihn seit Anfang der 1790er Jahre an den Rollstuhl fesselte. Zu den »Waden« als Attributen von Männlichkeit vgl. Erl. zu 28,16f.

77,22f. *des Advokaten von Arras:* Robespierre; vgl. Erl. zu 7,3.

77,23f. *die Klytämnestra gegen ihn spielen:* Anspielung auf den Mord, den Klytämnestra, die Königin von Mykene, an ihrem Gatten Agamemnon beging, um sich für dessen Opferung ihrer Tochter Iphigenie zu rächen.

77,24f. *ich lasse ihm … mit mir:* Den ersten Ausspruch

überliefert – mit leichter Abweichung – UZ XII,124, den zweiten UZ XII,124 und GH IV,119.

77,26f. *behaglichen:* für Büchner Leitwort des Epikureismus (vgl. Erl. zu 8,7).

77,27 *fixen Idee / fixen Ideen:* spielt an auf den Doppelsinn der philosophischen und der psychologischen Bedeutung, den Krug (L3: *Krug's encyclopädisch-philosophisches Lexicon* II,37f.) belegt: »In philosophischer Hinsicht heißt ein Gegenstand fix oder fixirt, wenn die Aufmerksamkeit so auf ihn gerichtet ist, daß er allein vorgestellt wird, mithin andre Gegenstände aus dem Bewusstsein ausgeschlossen sind [...]. Im weitern Sinne heißen alle Vorstellungen so, die der Seele so habitual geworden, daß sie oft und unfreiwillig wiederkehren [...]. Wenn aber dergleichen Vorstellungen so herrschend oder übermächtig werden, daß die Seele sich gar nicht mehr davon losmachen kann, daß sie das Denkgeschäft stören und verwirren [...]: so heißen sie fixe Ideen im engern Sinne [...]. Man kann sie daher auch als die erste Stufe des Wahnsinns betrachten.«

77,32f. *Die Esel ... wenn wir vorbeigehen:* als Ausspruch Dantons fast wortgleich überliefert in UZ Suppl. V,63.

77,34–78,1 *Sündflut der Revolution ... mit unsern fossilen Knochen:* zur Verbindung von »Sintflut« und »Revolution« vgl. Erl. zu 47,20–32 und zu 49,3.

78,3f. *ein Simson für unsern Kinnbacken:* Anspielung auf die Erzählung in AT Richter 15,15 über Simsons Sieg über die Philister: »Und er fand einen faulen Esels-Kinnbacken [...] und schlug damit tausend Mann.«

78,5 *Sie sind Kainsbrüder:* wörtlich von Danton überliefert (UZ XII,124) mit der Bedeutung: die Mitglieder des Wohlfahrtsausschusses begehen einen Brudermord. – Anspielung auf die Erzählung in AT 1. Mose 4,3–8 über Kains Mord an seinem Bruder Abel.

78,6–8 *Nichts beweist mehr ... vor dessen Verhaftung:* fast wortgleich mit einem Ausspruch Dantons in UZ Suppl. V,63.

ein Nero: Anspielung auf Tacitus, *Annales* XIV,4 zum freundlichen Verhalten, mit dem Nero seiner Mutter Agrippina vor deren geplanter Ermordung begegnete.

78,14–16 *Wenn einmal die Geschichte ... an dem Duft unsrer Leichen ersticken:* vermutlich Anspielung auf den Bericht in UZ X,408 f. über die »Zerstörung der königlichen Gräber zu St. Denis«: an den Ausdünstungen der Gräber sollen »mehrere Arbeiter« gestorben sein.

78,37 *am nämlichen Tische krank gegessen:* pessimistische Variante zu dem epikureischen Bild von der sättigenden ›Mahlzeit des Lebens‹ in Lukrez, *De rerum natura* III,935–938.

79,2 *greint:* »greinen« hat die Bedeutung von »weinen«, aber auch von »klagen, jammern« (Grimm IX,57).

79,9 f. *Griechen und Götter ... heroische Fratze:* Wiederaufnahme aus I/1, wo Camille seine Vision der griechischen Republik und des »göttliche[n] Epikur« den »Römern« (8,7 bzw. 8,4) entgegenstellt. Die Antithese entspricht Lessing, *Laokoon*, Erster Teil I: »Homers verwundete Krieger fallen nicht selten mit Geschrey zu Boden. Die geritzte Venus schreyet laut; nicht um sie durch dieses Geschrey als die weichliche Göttinn der Wollust zu schildern, vielmehr um der leidenden Natur ihr Recht zu geben.« (Lessing IX,15.)

79,13 *drapieren:* »vorzüglich in der Malerei« das Bekleiden einer Figur. »Den Figuren solche Gewänder oder den Stoffen jene Anordnung geben, heißt d r a p i r e n« (Brockhaus 1830, III,353); frz. mit der Nebenbedeutung theatralischer Attitüde.

79,19–25 *Meine Freunde ... Harmonien sind:* Philippeaus Gläubigkeit und Versöhnlichkeit (vgl. auch 82,9 »Ich vergebe euch«) sind angeregt durch dessen letzten Brief an seine Frau (vgl. UZ XII,125–128).

79,26–30 *die armen Musikanten ... in himmlischen Ohren*

zu sterben: vorgebildet in Büchners Brief an Wilhelmine Jaeglé, 7./8. März 1834: »ach, wir armen schreienden Musikanten, das Stöhnen auf unsrer Folter, wäre es nur da, damit es durch die Wolkenritzen dringend und weiter, weiter klingend, wie ein melodischer Hauch in himmlischen Ohren stirbt?«

79,31–33 *Ferkel ... schmackhafter werde:* zeitgenössisch bekannte Art, den Geschmack von Spanferkeln zu verfeinern.

79,34f. *in den glühenden Molochsarmen dieser Welt gebraten:* »Moloch, ein [...] Götzenbild mehrerer morgenländ. Völker, [...] dem sie Menschenopfer darbrachten [...]. Nachdem dasselbe mittels eines starken Feuers, das in einer unten befindlichen Öffnung unterhalten wurde, glühend gemacht worden, legte man die zum Opfer bestimmten Kinder in die Arme des Götzen« (Brockhaus 1833, VII,463).

80,1–4 *Schüssel mit Goldkarpfen ... Farbenspiel des Todeskampfes:* Anspielung auf eine bereits von Seneca und Martial verurteilte, seit dem Ende der Republik belegte Sitte reicher Römer, bei luxuriösen Gastmählern das Farbenspiel der sich im Todeskampf windenden Meerbarben zur Schau zu stellen. Die Fische wurden lebend in mit Wein gefüllten Glasgefäßen aufgetragen, worin sie langsam erstickten.

IV/6

80,24f. *Phiole ... Komm liebster Priester:* angeregt durch Verse aus den Suizid-Monologen in Shakespeare, *Romeo und Julia* IV/3: »Komm' du, mein Kelch!« (Shakespeare 1821, I,135) und in Goethe, *Faust I*, V. 690: »Ich grüße dich, du einzige Phiole!« (Goethe XII,42). – »Phiole«: kleines, bauchiges Glasgefäß, kleines Fläschchen.

81,1–4 *Stets bleicher und bleicher ... aus dem Strome sie*

ziehen: Anspielung auf Ophelias Tod im Bach in Shakespeare, *Hamlet* IV/7 (Shakespeare 1821, III,318 f.).

81,7 *Sie stirbt:* Selbstmorde von Frauen Hingerichteter sind häufiger belegt (z. B. UZ Suppl. V,53 und 84), der von Dantons Frau ist Büchners Erfindung.

IV/7

81,11 *die Carmagnole:* populäres sansculottisches Revolutionslied, dessen Komponist und Autor unbekannt sind.

81,12 *die Marseillaise:* zunächst als Kriegslied von dem Offizier Rouget de Lisle 1792 in Straßburg gedichtet und komponiert; wurde auch bei Hinrichtungen gesungen und 1795 zur Nationalhymne erklärt. Noch zu Büchners Zeiten war sie wie auch die Carmagnole ein gängiges Demonstrationslied; vgl. Büchners Bericht im Brief an die Eltern, nach 4. Dez. 1831 von der »Absingung der Marseillaise und Carmagnole« durch Studenten in Straßburg.

81,18 f. *aus deinen hübschen Haaren … Perücke machen:* vermutlich nach einer Passage aus Kap. LII »Chevelures blondes« bei Mercier II,134: »respectons même les perruques blondes: nos aristocrates serviront du moins à quelque chose: leurs cheveux cacheront les têtes chauves de quelques femmes, et la courte chevelure de plusieurs autres qui ne furent jamais jacobites que par leurs cheveux.« (Vgl. auch Proussinalle II,64–66.)

81,21 *Venusberg:* vgl. Erl. zu 24,35 f.

81,22 f. *Ihr werdet noch schreien, ihr Berge fallet auf uns:* biblische Drohformel, vgl. AT Hosea 10,8: »und sie werden sagen: Ihr Berge bedecket uns, und ihr Hügel fallet über uns!«

81,24 f. *Der Berg … hinunter gefallen:* Anspielung auf die Auseinandersetzungen der Dantonisten mit der »Bergpartei« des Konvents, speziell darauf, dass sie dieser

Partei selbst angehörten. Vgl. 31,23 »die vom Tale [...] die vom Berge« mit Erl.

81,28 *gibt dem Fuhrmann Geld ... Charon:* in der griechischen Mythologie »Sohn des Erebus und der Nacht. Sein Amt war, die Todten über den schwarzen Acheron [...] und den selbst den Göttern furchtbaren Styx zu führen. Für seine Mühe mußten ihm die Todten ein Fährgeld bezahlen, das man den Verstorbenen in den Mund steckte.« (Brockhaus 1830, II,575.)

81,31 *klassisches Gastmahl, wir liegen auf unsern Plätzen:* Anspielung auf die antike Sitte, bei Tisch zu liegen.

81,32 *Libation:* Trankopfer der Römer bei Gastmählern, »wobei man [...] Wein auf den Altar der Götter goß« (Brockhaus 1830, VI,574).

82,1–4 *Ihr tötet uns ... schon einmal da:* Lacroix ›langweilt‹ die Zuschauer, indem er einen Ausspruch des am 31. Okt. 1793 hingerichteten Girondisten Lasource wiederholt (überliefert in UZ X,420 und bei Nodier, *Dernier banquet* 91).

82,14 *Ich sterbe doppelt:* Der kranke Fabre war bereits während des Prozesses »am Sterben« (vgl. 77,6).

82,17–23 *Hérault ... küssen:* bei Thiers VI,230 überlieferte Szene: »Am Fuße des Blutgerüstes angekommen, wollte Danton Hérault-Séchelles noch einmal umarmen; der Henker wiedersetzte sich aber, und nun sprach jener lächelnd die gräßlichen Worte zu ihm: ›Du willst also grausamer seyn als der Tod? Du kannst aber doch nicht hindern, daß sich unsere Köpfe in einigen Augenblicken unten [auf dem Boden des Korbes] küssen.‹« (Nach der Übers. von R. Mohl, VI,149.)

IV/8

82,31–83,6 *Der Strom des Lebens müsste stocken ... nichts mehr regt:* vermutlich angeregt durch Clärchens Sterberede in Goethe, *Egmont* V/3: »Lebt, ihr Armen, die Zeit noch hin, die keine Zeit mehr ist. Heut steht die Welt auf einmal still; es stockt ihr Kreislauf« (Goethe VIII,282; vgl. Dok. 12, S. 169).

83,10f. *Wir müssen's wohl leiden:* variiert den vorletzten Vers der 1. Strophe des »Erndtelieds«, das Lucile später singt (vgl. 84,8f. mit Erl.).

83,13–16 *Ein hübscher Mann ... am Triumphbogen ... gut auf der Guillotine ausnehmen:* vermutlich mitangeregt durch Goethe, *Egmont* II/1: »Zimmermeister. Ein schöner Herr! / Jetter. [...] Es ist mir nun so. Wenn ich einen schönen langen Hals sehe, muß ich gleich wider Willen denken: der ist gut köpfen« (Goethe VIII,207f.). – Hérault, »ein großer, schöner Mann« (UZ X,207), hatte zur Feier der Konstitution am 10. Aug. 1793 während eines Umzuges u. a. »am Triumphbogen« eine Rede gehalten.

IV/9

83,26 *Erster Henker (steht auf der Guillotine und singt):* vermutlich angeregt durch den Schluss der Totengräberszene in Shakespeare, *Hamlet* V/1: »Erster Todtengräber. [...] / (Er gräbt und singt.) / In jungen Tagen ich lieben thät, / Das dünkte mir so süß« (Shakespeare 1821, III,324f.; vgl. Dok. 9, S. 163f.). – Das Totengräberlied hatte Büchner 1831 am Rand eines Schulheftes notiert (vgl. *Schülerschriften* 658).

83,27–32 *Und wann ich ... bei de Menscher:* Variation einer Volksliedstrophe. Büchners Version am nächsten steht die folgende 1. Strophe eines undatierten Liedes (Carl Köhler, *Volkslieder von der Mosel und Saar*, hrsg. von John Meier, Halle 1896, Bd. 1, S. 124):

»Wenn wir heime gehn,
Scheint der Mond so schön
Vor meines Vaters Fenster.
›Kerl, wo bleibst so lang bei de Menscher!‹«

Zur Melodie vgl. MBA III.4,235. – »Menscher«: im Südhessischen abschätzig für ›Frauen‹ (vgl. L3: *Südhessisches Wörterbuch* IV,630).

83,31 *Ellervaters:* südhessisch für »Ältervater« (Großvater; vgl. Grimm I,271 und L3: *Südhessisches Wörterbuch* I,206).

84,8–15 *Es ist ein Schnitter … Sichel fällt:* beide Doppelverse gleichlautend in der schon zu Luciles Redeschluss (83,10f., vgl. Erl.) verwendeten 1. sowie in der 3. Strophe des »Erndtelieds« aus *Des Knaben Wunderhorn* (L2a: I,51f.). Zur Melodie vgl. MBA III.4,237.

84,48 *Es lebe der König:* Nach UZ XII,155–158 wurde dieser Satz während der »Terreur« mehrfach von Frauen ausgerufen, die verhaftet werden wollten, um mit verurteilten Verwandten gemeinsam sterben zu können. Lucile Desmoulins provozierte nicht auf diese Weise ihre Verhaftung, sondern wurde mit den angeblichen Verschwörern des Luxembourg-Gefängnisses um Dillon (vgl. Szene III/5) guillotiniert.

II. Zeittafel zur Französischen Revolution

bis 1789

Der Absolutismus Ludwigs XIV. und Ludwigs XV. hat Frankreich an den Rand des Staatsbankrotts gebracht. Seit seinem Regierungsantritt 1774 versucht Ludwig XVI. vergeblich, die Finanzkrise durch Einzelreformen zu beheben. Für eine grundlegende Reform braucht er die Zustimmung der Generalstände.

1789

5. Mai	In Paris Eröffnung der Versammlung der Generalstände, die aus den Vertretern des Adels, der Geistlichkeit und des Dritten Standes (Bürgertum) besteht.
17. Juni	Konstituierung des Dritten Standes, dem sich Teile des niederen Adels und des Klerus anschließen, als Nationalversammlung.
20. Juni	Schwur der Abgeordneten des Dritten Standes, dem Land eine Verfassung zu geben (»Ballhaus-Schwur«).
9. Juli	Konstituierung der Nationalversammlung als Verfassunggebende Versammlung.
14. Juli	**Sturm auf die Bastille.**
4. August	Verzicht des Adels und des Klerus, dann der Provinzen und der Städte auf ihre Privilegien.
5. u. 11. August	Abschaffung des Feudalregimes, Einführung der Steuergleichheit.
26. August	Verabschiedung der »Erklärung der Menschen- und Bürgerrechte«.

September	**Desmoulins' Streitschrift *Discours de la lanterne aux Parisiens* erscheint (vgl. 54,12f. mit Erl.), in der er gegen Ämterkauf, Erbadel und Steuerprivilegien anschreibt.**

1790

21. Mai	Administrative Neuordnung der Stadt Paris. Die 60 Stadtbezirke werden durch 48 Sektionen ersetzt.
19. Juni	Abschaffung des erblichen Adels und seiner Ehrenrechte.
14. Juli	Föderationsfest auf dem Marsfeld.

1791

20.–22. Juni	Flucht Ludwigs XVI. und seiner Familie; Festnahme in Varennes.
24. Juni	In einer von 30000 Personen unterzeichneten Petition wird die Proklamation der Republik verlangt.
17. Juli	**Antimonarchistische Petition auf dem Marsfeld (vgl. 58,17–19 mit Erl.). Der Bürgermeister verhängt das Kriegsrecht, die Nationalgarde eröffnet das Feuer auf die Demonstranten (»Massaker auf dem Marsfeld«).**
1. Oktober	Erste Sitzung der Gesetzgebenden Versammlung.

1792

20. April	Kriegserklärung an den »König von Österreich und Ungarn«.

12. Juni	Entlassung der girondistischen Minister Roland, Servan und Clavière.
15. Juni	Rücktritt des Außenministers Dumouriez.
20. Juni	Demonstration der Sansculotten gegen die Entlassung der girondistischen Minister; Bildung eines geheimen Aufstandsausschusses.
29. Juni	**Scheitern von La Fayettes Versuch, die Nationalgarde für einen Staatsstreich zu gewinnen (vgl. 46,9 mit Erl.).**
11. Juli	Die Nationalversammlung erklärt »das Vaterland« für »in Gefahr«.
17. Juli	Forderung der Nationalgardisten nach Absetzung des Königs.
25. Juli	Das Manifest des Herzogs von Braunschweig droht Paris mit »militärischer Exekution und gänzlicher Zerstörung«.
10. August	**Sturz der 1790 gewählten Pariser Stadtregierung durch Kommissare der Sektionen; Einnahme der Tuilerien; in der Nationalversammlung Beschluss der Suspendierung des Königs und der Wahl eines Konvents (vgl. 12,12f., 14,9f., 58,18 und 70,12, jeweils mit Erl.).**
11. August	**Danton übernimmt das Amt des Justizministers.**
17. August	**Auf Druck der neuen Pariser Stadtverwaltung Bildung eines außerordentlichen politischen Strafgerichtshofes.**
19. August	**Ernennung Dumouriez' zum Oberbefehlshaber der Nordarmee; Übergang La Fayettes und eines Teiles**

	seines Stabes zu den Österreichern (vgl. 46,9 und 70,15 f., jeweils mit Erl.); Beginn der österreichisch-preußischen Offensive.
23. August	**Kapitulation der Festung Longwy vor den preußischen Truppen (vgl. 42,22 f. mit Erl.).**
2. September	**Kapitulation der Festung Verdun vor den preußischen Truppen.**
2.–5. September	**Ermordung von etwa 1300 Insassen der Pariser Gefängnisse (»Septembermassaker«; vgl. 12,12 f., 14,9 f., 23,35, 38,23, 41,9, 42,33 f., 58,36 und 70,13, jeweils mit Erl.).**
6. September	Wahl Robespierres und Dantons in den Konvent.
9. September	Wahl Marats in den Konvent.
20. September	Schlacht bei Valmy.
21. September	**Erste öffentliche Sitzung des Konvents; Abschaffung der Monarchie.**
14. Oktober	Abzug der preußischen Truppen aus Verdun.
17. Oktober	Bildung des Sicherheitsausschusses.
21./23. Oktober	Einnahme von Mainz und Frankfurt a. M. durch Custine.
ab 13. November	**Debatten über den Prozess gegen Ludwig XVI.**
14. November	Einnahme von Brüssel durch französische Truppen.
30. November	Einzug der französischen Truppen in Antwerpen; Entsendung von vier Konventskommissaren, darunter Danton und Delacroix, nach Belgien.
10. Dezember	Anklageakte gegen Ludwig XVI.

1793

21. Januar	**Hinrichtung Ludwigs XVI. (vgl. 58, 19f. mit Erl.).**
24. Januar	Abbruch der diplomatischen Beziehungen Frankreichs mit England.
31. Januar	Im Namen der »natürlichen Grenzen« Forderung Dantons nach Annexion Belgiens.
1. Februar	Kriegserklärung an den König von England und an den »Stathouder« von Holland.
17. Februar	Invasion Hollands durch Dumouriez.
3. März	Beginn des royalistischen Aufstandes in der Bretagne.
7. März	Kriegserklärung an den König von Spanien.
8. März	Danton und Delacroix erstatten dem Konvent Bericht über ihre Mission in Belgien. Der Konvent befiehlt Dumouriez den Rückzug aus Holland.
10. März	**Schaffung des Revolutionstribunals (vgl. 3,[21/22] und 56,26–32, jeweils mit Erl.).**
11. März	Beginn des royalistischen Aufstandes der westfranzösischen Départements gegen die Pariser Regierung (»Vendée-Krieg«).
12. März	Brief Dumouriez' an den Konvent; Kritik an der Kriegsführung.
15. März	Rückkehr Dantons und Delacroix' nach Belgien, um Dumouriez zum Gehorsam gegenüber dem Konvent zu veranlassen.
25. März	Wiederaufnahme der preußischen Offensive im Rheinland.

27. März	Versuch Dumouriez', seine Truppen zum Staatsstreich gegen den Konvent zu bewegen.
1. April	Dumouriez liefert die Bevollmächtigten des Konvents an Österreich aus; im Konvent Bruch Dantons mit der Gironde, Aufhebung der Immunität der girondistischen Abgeordneten.
3. April	Ächtung Dumouriez' durch den Konvent; Festnahme des Herzogs von Orléans.
4. April	Desertion Dumouriez' zu den Österreichern.
6. April	**Bildung des Wohlfahrtsausschusses (vgl. Erl. zu 3,[13/14]).**
13. April	**Anklageerhebung des Konvents gegen Marat (vgl. 58,9 mit Erl.).**
21. u. 24. April	Verlesung von Robespierres Entwurf einer »Erklärung der Menschen- und Bürgerrechte« zunächst im Jakobinerklub, dann im Konvent.
24. April	**Freispruch Marats durch das Revolutionstribunal.**
18. Mai	Im Konvent Schaffung einer »Zwölfer-Kommission« zur Untersuchung mutmaßlicher Kompetenzüberschreitungen der Pariser Stadtverwaltung.
26. Mai	Robespierre ruft im Jakobinerklub das Volk zum Aufstand auf.
29. Mai	**In Lyon Sturz der jakobinischen Stadtregierung (vgl. 13,26 mit Erl.).**
31. Mai	**Im Konvent Forderung der Sektionen nach Anklageerhebung gegen die Mitglieder der »Zwölfer-Kommission« und 22 weitere girondistische Abgeordnete, nach Festnahme**

	der Minister Clavière und Lebrun sowie nach Umsetzung eines umfassenden, durch die Reichen zu finanzierenden revolutionären und sozialen Programms (vgl. 32,18 mit Erl.).
2. Juni	**Unter dem Druck der Sektionen und auf Antrag Couthons verfügt der Konvent, zehn Mitglieder der »Zwölfer-Kommission«, 20 weitere girondistische Abgeordnete und die Minister Clavière und Lebrun unter Arrest zu stellen. Eine Reihe von Abgeordneten kann fliehen.**
6. Juni	Beginn der antijakobinischen Aufstände in der Provinz; Protestnote von etwa 75 Abgeordneten gegen den Gewaltstreich vom 31. Mai – 2. Juni.
9. Juni	Beginn der Großoffensive der westfranzösischen Départements.
10. Juli	**Beginn der Bildung des »Großen Wohlfahrtsausschusses«: Barère, Couthon, Hérault de Séchelles, Lindet, Prieur de la Marne, Saint-André, Saint-Just, Robespierre (27. Juli), Carnot und Prieur de la Côte d'Or (14. Aug.), Collot d'Herbois und Billaud-Varenne (6. Sept.).**
13. Juli	**Ermordung Marats durch Charlotte Corday (vgl. 14,21 f. mit Erl.).**
17. Juli	Hinrichtung Charlotte Cordays.
1. August	**Zerstörung der Königsgräber in Saint-Denis (vgl. 78,14–16 mit Erl.).**
10. August	**Proklamation der Verfassung.**
30. August	**Forderung des Jakobinerklubs, den »Schrecken auf die Tagesordnung zu setzen« (vgl. Erl. zu 22,31).**

3. Oktober	Anklageakte des Konvents gegen 40 girondistische Abgeordnete und den Herzog von Orléans (vgl. Erl. zu 57,8); Beschluss, die Unterzeichner der Protestnote vom 6. Juni 1793 gegen den Gewaltstreich vom 31. Mai – 2. Juni, u. a. Mercier, inhaftieren zu lassen (vgl. Erl. zu 7,12f.).
5. u. 24. Oktober	Verabschiedung des republikanischen Kalenders.
8. Oktober	Dekretentwurf über die Auflösung der Indienkompanie.
10. Oktober	Aussetzung der verfassungsmäßigen Regierung bis zum Frieden.
12. Oktober	Dekret über die Vergeltungsmaßnahmen gegen das aufständische Lyon (vgl. Erl. zu 13,26).
16. Oktober	Verurteilung und Hinrichtung Marie-Antoinettes.
24.–30. Oktober	Prozess gegen 21 girondistische Abgeordnete (vgl. Erl. zu 11,8).
31. Oktober	Hinrichtung der girondistischen Angeklagten (vgl. 54,8f. mit Erl.).
6. November	Verurteilung und Hinrichtung des Herzogs von Orléans.
10. November	»Fest der Vernunft« in Notre-Dame; auf Antrag des Abgeordneten Chabot Dekret, dass ein Abgeordneter im Konvent angehört werden müsse, bevor er unter Anklage gestellt werde (wieder aufgehoben am 12. Nov.; vgl. 44,18 mit Erl.).
17. November	Festnahme der in den Finanzskandal um die Indienkompanie verwickelten Abgeordneten Fabre, Chabot und Delaunay (vgl. 45,29 mit Erl.).

5. Dezember	Die erste Nummer der Zeitschrift *Le Vieux Cordelier* von Camille Desmoulins erscheint, in der (ab der dritten Nummer vom 15. Dezember) auch die Jakobinerdiktatur angegriffen wird (vgl. 17,14 und 29,7, jeweils mit Erl.).

1794

7. Januar	Auseinandersetzung zwischen Robespierre und Desmoulins im Jakobinerklub.
8. Januar	Im Jakobinerklub Angriff Robespierres auf Fabre.
13. Januar	Festnahme Fabres; im Konvent Debatte über den Finanzskandal um die Indienkompanie (vgl. 55,11 mit Erl.); Ablehnung des Antrages Dantons auf Anhörung der beschuldigten Abgeordneten.
21. Januar	Beginn der Niederschlagung des Aufstandes der westfranzösischen Départements.
12. Februar	Beginn der Offensive des Cordeliers-Klubs gegen Robespierre.
26. Februar u. 3. März	Dekrete über die Enteignung inhaftierter Gegenrevolutionäre zugunsten der Armen (vgl. Erl. zu 12,14 und zu 29,24f.).
2. u. 4. März	Im Cordeliers-Klub Aufrufe zum Aufstand gegen den Wohlfahrtsausschuss.
5. März	Weigerung der Pariser Stadtregierung, den Aufrufen des Cordeliers-Klubs Folge zu leisten.

7. März	Unter der Führung von Collot d'Herbois Delegation des Jakobinerklubs im Cordeliers-Klub; scheinbare Aussöhnung.
13. März	In der Nacht zum 14. März Festnahme von Hébert, Momoro, Ronsin, Vincent und anderen Cordeliers (vgl. Erl. zu 31,29).
15. März	Verhaftung der Abgeordneten Simond und Hérault de Séchelles.
16. März	Anklageerhebung gegen die Abgeordneten Chabot, Delaunay d'Angers, Julien de Toulouse und Fabre d'Églantine wegen passiver Bestechung und Fälschung des Dekrets vom 8. Okt. 1793 sowie gegen den Abgeordneten Basire wegen Mitwisserschaft (vgl. 55,11 mit Erl.).
18. März	Verhaftung von Chaumette (vgl. Erl. zu 32,17).
21. März	Letzte Unterredung zwischen Robespierre und Danton (vgl. Szene I/6).
21.–24. März	»Hébertisten«-Prozess; Hinrichtung der Verurteilten am Tage der Urteilsverkündung (vgl. Erl. zu 31,29).
29. März	Beschluss des Wohlfahrts- und des Sicherheitsausschusses, die gemäßigten Abgeordneten verhaften zu lassen (vgl. 28,19–30,6).
30./31. März	Nachts Verhaftung von Danton, Desmoulins, Philippeaux, Lacroix und anderen Abgeordneten (vgl. Szene II/6 und 44,24 ff.).
31. März	Zurückweisung des Antrags des Dantonisten Legendre auf Anhö-

	rung der festgenommenen Abgeordneten; Anklageerhebung gegen die Abgeordneten Camille Desmoulins, Hérault de Séchelles, Danton, Philippeaux, Delacroix im Konvent (vgl. Szene II/7).
1. April	Verlegung der Dantonisten in die Conciergerie.
2. April	Eröffnung des Dantonisten-Prozesses (vgl. Szene III/4).
3. April	Vernehmung Dantons (vgl. Szene III/4); Brief des öffentlichen Anklägers Fouquier und des Gerichtspräsidenten Herman an den Sicherheitsausschuss (vgl. 61,27); Denunziation einer mutmaßlichen Verschwörung der Dantonisten zu einem gegenrevolutionären Aufstand durch Alexandre Laflotte (vgl. Szene III/5).
4. April	Im Konvent Bericht Saint-Justs über die »Revolte« der angeklagten Dantonisten (vgl. 63,20–64,5); Verlesung der Aussage Laflottes.
5. April	Ausschluss der Dantonisten vom Prozess (vgl. Szene III/9); Verurteilung und Hinrichtung (vgl. Szene IV/7).
10.–13. April	Prozess gegen die mutmaßlichen Verschwörer des Luxembourg-Gefängnisses.
23. Mai	Attentat auf Robespierre.
10.–12. Juni	Bericht über das Revolutionstribunal und Dekret, das jegliche Rechte des Angeklagten außer Kraft setzt (»Prairial-Gesetz«).
29. Juni	Auseinandersetzung im Wohlfahrts-

	ausschuss; vor oder am 23. Juli letzte Teilnahme Robespierres an den Sitzungen des Ausschusses.
22. Juli	Gemeinsame Sitzung des Wohlfahrts- und des Sicherheitsausschusses; Fehlschlag der Schlichtungsbemühungen von Saint-Just und Barère.
27. Juli	**Anklagedekret gegen Robespierre sowie gegen Couthon und Saint-Just, Festnahme des Präsidenten des Revolutionstribunals Dumas; Scheitern des Aufstands der Pariser Stadtverwaltung und eines Teils der Sektionen; Ächtung der Angeklagten und der Aufständischen (»Thermidorumsturz«).**
28.–30. Juli	Hinrichtung der geächteten Abgeordneten und der meisten Mitglieder der Pariser Stadtverwaltung.
1. August	**Aufhebung des »Prairial-Gesetzes«; Festnahme des öffentlichen Anklägers beim Revolutionstribunal Fouquier-Tinville.**
24. August	Regierungsreform; Stärkung der Legislative; teilweise Verlagerung der Kompetenzen des Wohlfahrtsausschusses auf den Gesetzgebungsausschuss.
8. Dezember	**Rückberufung der aufgrund des Dekrets vom 3. Okt. 1793 verhafteten Abgeordneten, u. a. Mercier, in den Konvent (vgl. 7,12f. mit Erl.).**
28. Dezember	Reform des Revolutionstribunals.

1795

2. März	Anklagedekret gegen die ehemaligen Mitglieder des Wohlfahrtsausschusses Barère, Billaud-Varenne, Collot d'Herbois und das ehemalige Mitglied des Sicherheitsausschusses Vadier.
8. März	**Rückberufung der 1793 geächteten Girondisten in den Konvent.**
28. März – 7. Mai	**Prozess gegen die Mitglieder des Revolutionstribunals vom 10. Juni 1794; in diesem Zusammenhang juristische Aufarbeitung des Dantonistenprozesses.**
5. April	In Basel Unterzeichnung des Friedensvertrags zwischen Frankreich und Preußen.
11. April	Rehabilitierung aller nach dem 31. Mai 1793 für »außerhalb des Gesetzes« Erklärten.
20.–22. Mai	Hunger-Aufstand in Paris.
23. September	Proklamation der »Direktorialverfassung«, welche die Verfassung von 1793 ablöst.
26. Oktober	Letzte Sitzung des Konvents.
31. Oktober	Als Träger der Exekutive wird ein fünfköpfiges Direktorium gewählt.

1796

10. April	Beginn des Italien-Feldzugs unter dem Kommando Bonapartes.
9./10. September	Fehlschlag des frühkommunistischen Aufstandes um Babeuf im Dragonerlager von Grenelle.

1797

20. Febr. – 26. Mai	Prozess gegen die Aufständischen um Babeuf.
4.–5. September	Antimonarchistischer Staatsstreich; Ende der verfassungsgemäßen Regierung des Direktoriums.
17. Oktober	Unterzeichnung des Vertrages von »Campoformio«, der Österreich zwingt, die italienische Neuordnung zu akzeptieren sowie Belgien und das linke Rheinufer abzutreten.

1798

11. Mai	Teilannulierung der Wahlen vom April des Jahres durch die Direktorialregierung.
19. Mai	Beginn des Ägypten-Feldzugs unter Führung Napoléons.
16. November	Vertrag zwischen England und Österreich, der die Rückkehr Frankreichs in die Grenzen von 1789 vorsieht.
29. Dezember	Beistandspakt zwischen England, Russland und dem Königreich Neapel; Beginn des zweiten Koalitionskrieges.

1799

12. März	Kriegserklärung Frankreichs an Österreich.
9.–10. November	Staatsstreich Napoléon Bonapartes.
15. Dezember	Proklamation einer neuen Verfassung; die Revolution wird für »beendet« erklärt.

III. Historische Quellen

Einleitung

Entsprechend ihrer historischen Bedeutung und aufgrund des öffentlichen Charakters vieler Geschehnisse gehört die Geschichte der Französischen Revolution, und dabei auch der von Büchner dramatisierte Dantonistenprozess, zu den archivalisch und publizistisch besonders gut dokumentierten Ereignissen der europäischen Geschichte. Über Tagesereignisse informierte der *Moniteur*, und die Sitzungen des Konvents waren außerdem zugänglich in quasi-stenographischen Protokollen, die im *Logotachigraphe. Journal de la Convention nationale de France* mitgeteilt wurden. Etwa ein Jahr nach dem Sturz der Jakobiner hatte man die Verhandlungen vor dem Revolutionstribunal und dabei auch speziell den Dantonistenprozess juristisch aufgearbeitet. Gleichzeitig entstand eine frühe Memoiren- und Enthüllungsliteratur, so die Büchner möglicherweise bekannten *Mémoires d'un détenu* (1795) von Honoré Jean Riouffe. Büchner kannte die Darstellung des revolutionären Paris unter dem Titel *Le Nouveau Paris*, die der auch im Drama auftretende bedeutende Schriftsteller Louis Sébastien Mercier 1799/1800 veröffentlicht hatte, außerdem möglicherweise politische Analysen deutscher Zeitgenossen wie etwa die *Resultate meiner Sendung nach Paris im Brumaire des achten Jahres*, die der bekannte katholische Publizist Joseph Görres, der in seiner Jugend zu den rheinischen Jakobinern gehört hatte, im Mai 1800 publizierte. Aus der Literatur der 1810er Jahre kannte Büchner vermutlich die unter dem Pseudonym M. de Proussinalle erschienene und zum Genre der Enthüllungsliteratur gehörige *Histoire secrète du Tribunal révolutionnaire* (Bd. 2: 1815), eine mögliche Quelle u. a. für die Szene III/2, sowie sicher ein biographisches Lexikon, die *Galerie historique*

des contemporains, ou Nouvelle biographie (Bd. 4: 1818), mit Artikeln zu Danton und Desmoulins.
In den 1820er Jahren erschienen eine Reihe von Darstellungen zur Geschichte der Französischen Revolution, so von Henri Lemaire die *Histoire de la Révolution française, depuis 1787, jusqu'au 1er août 1821*, deren zweiter Band die Ereignisse von 1793 bis 1800 behandelt, von Jacques-Antoine Dulaure die *Esquisses historiques des principaux événemens de la Révolution française* (1823–25) und vor allem die neue Standards setzende Darstellung von François Auguste Marie Mignet, *Histoire de la Révolution française, depuis 1789 jusqu'en 1814* (1824). Werke wie die von Lemaire oder von Mignet zeigen übrigens, dass nach dem Verständnis der Zeitgenossen die Revolution bis ins 19. Jahrhundert hinein, d. h. bei Mignet bis 1814 und bei Lemaire bis 1821, andauerte.
Welche dieser späteren Werke Büchner tatsächlich gekannt hat, wissen wir nicht. Sicher kannte er dagegen das große Standardwerk der Reihe, die zehnbändige Darstellung von Louis Adolphe Thiers, *Histoire de la Révolution française* (1823–27), oder zumindest deren 6. Band, der die Ereignisse der Dramenhandlung enthält. Weiterhin kannte er das populäre kompilatorische Werk des Johann Konrad Friederich, *Die Geschichte Unserer Zeit* (1826–31), dabei vor allem die Bände 6 bis 14, die die »Geschichte des Nationalkonvents« beinhalten. *Unsere Zeit* publizierte Beilagen und »Supplement-Hefte«, so 1827 das Supplement-Heft II, das *Merkwürdige Thatsachen und Berichte über die Vorfälle des 10. August und die Ermordungen der Gefangenen vom 2ten–7ten September zu Paris im Jahr 1792* enthält, und 1828 das Supplement-Heft V mit den *Denkwürdigkeiten eines Gefangenen, ein Beitrag zur Geschichte der Tyrannei Robespierres*, eine gekürzte Übersetzung der schon erwähnten *Mémoires d'un détenu* von Honoré Jean Riouffe. Außerdem kannte Büchner wahrscheinlich die 1831 veröffentlichten *Souvenirs, épisodes et portraits*

pour servir à l'histoire de la Révolution et de l'Empire des romantischen Schriftstellers Charles Nodier, ebenso dessen *Le Dernier Banquet des Girondins*, in dem der der Hinrichtung vorausgehende letzte Abend der girondistischen Abgeordneten dargestellt wurde, und sicher Heinrich Heines *Geschichte der Religion und Philosophie in Deutschland* vom Februar 1835, die u. a. das Verhältnis der zeitgenössischen revolutionären Kämpfe zum Jakobinismus der 1790er Jahre diskutiert (zu den genauen bibliographischen Angaben der Werke vgl. Literaturverzeichnis, S. 206f.).

Aus einem am 23. Dezember 1878 geschriebenen Brief Wilhelm Büchners, des jüngeren Bruders, an Karl Emil Franzos wissen wir von Büchners früher Kenntnis der *Geschichte Unserer Zeit*, einer Lieblingslektüre von Büchners Vater, einem »Zeitgenosse[n] der grossen französisch[en] Revolution, der als Arzt einige Feldzüge bei den holländischen Truppen mitmachte«. »Vielfach«, so Wilhelm Büchner, wurde aus *Unsere Zeit* »Abends vorgelesen«, und »die Wirkung dieser Lectüre« sei wohl ein »Entstehungsmoment von Danton's Tod« gewesen. Einzelne Entlehnungen in Büchners Schülerschriften zwischen Ende 1829 und Anfang 1831 belegen seine Kenntnis verschiedener Bände des Werks.

»Schon seit einigen Tagen nehme ich jeden Augenblick die Feder in die Hand, aber es war mir unmöglich, nur ein Wort zu schreiben. Ich studirte die Geschichte der Revolution. Ich fühlte mich wie zernichtet unter dem gräßlichen Fatalismus der Geschichte«, schrieb Büchner gegen Ende Januar 1834 an seine Verlobte Wilhelmine Jaeglé. Eine Reihe von Gründen lässt vermuten, dass Thiers' *Histoire de la Révolution française*, also die eigentliche Strukturquelle von *Dantons Tod*, diese erschütternde Leseerfahrung, derentwegen Büchner »seit einigen Tagen« keinen Brief zustande brachte, verursacht hatte. Unter ihnen seien hier nur zwei genannt: Thiers' Werk war aufgrund sei-

ner Verbreitung und seines Ansehens auch ohne Verfassernennung *die* »Geschichte der Revolution« und die Formulierung »gräßliche[r] Fatalismus« bezieht sich möglicherweise auf die in einer breiten zeitgenössischen Diskussion insbesondere Thiers und Mignet zugewiesene geschichtsphilosophische und darstellungstechnische Position einer historiographischen »école fataliste« (vgl. MBA III.3,36–39 und 384–389). Einige Stellen des »Fatalismus«-Briefes kehren wörtlich in *Dantons Tod* wieder; prominent unter ihnen ist Dantons Satz »es muss ja Ärgernis kommen« (vgl. 42,35 f.).
Über weiteren Zugang Büchners zu historischen Quellen sind wir im Allgemeinen unterrichtet durch Ludwig Büchners biographische Darstellung, derzufolge im »Winter« 1834/35 »die große Bibliothek in Darmstadt« seinem Bruder die »Materialien zur Erwerbung von Detailkenntnissen« über die Französische Revolution lieferte, die er »zur Produktion seines dramatischen Gemäldes« benötigte (*Nachgelassene Schriften* 20), und im Speziellen schließlich durch die 1944 verbrannten »Ausleihetagebücher« der Großherzoglich hessischen Hofbibliothek in Darmstadt. Nach Recherchen, die Anna Jaspers um 1917/18 vornahm, hat Büchner »folgende Bücher über die Revolution entliehen:

1.–5. Oktober 1834:	Thiers, histoire de la révolution fran[ç]aise
9.–12. " "	W. G. Tennemann, Geschichte der Philosophie [Bd. 1, 2. Aufl.] 1829
13.–15. " "	André Chenier, Œuvres anciennes 1826
16.–19. Okt.[ober] 1834:	Mercier, tableau de Paris I, II. 1783/89
1.–5. Nov.[ember] "	Rousseau, œuvres politiques I, II.

17.–19. Dez.[ember]	"	Galerie historique des Contemporains 1818
" " "	"	Mercier, le nouveau Paris, ohne Jahr
20.–24. "	"	Mémoires de Mm[e]. Roland I
12. Jan.[uar] 1835[:]		Mémoires du Marquis de Ferrières 1821«.

Von diesen Werken haben Thiers, die *Galerie historique* und Merciers *Le nouveau Paris* deutliche, Tennemann, Rousseau und Roland mögliche Spuren in Büchners Drama hinterlassen. Weitere deutliche Spuren hinterließ natürlich das im Elternhaus zugängliche Kompendium *Unsere Zeit* sowie zu einem sehr späten Zeitpunkt der Abfassung Heines *Geschichte der Religion und Philosophie in Deutschland* (vgl. Einleitung, S. 19f. und Erl. zu 8,1–9).
Die folgende Wiedergabe einzelner Abschnitte aus zwei sicheren Quellen (*Unsere Zeit* und Thiers) und einer möglichen Quelle (Görres) vermittelt einen Eindruck einerseits von Büchners Umgang mit seinen Vorlagen und andererseits von den unterschiedlichen Textsorten, die ihm zur Verfügung standen.
Die Dokumente aus *Unsere Zeit* stammen sämtlich aus Band 12, der das Ende der Jakobinerdiktatur vom Dezember 1793 bis kurz nach Robespierres Hinrichtung am 27. Juni 1794 darstellt. In dem gegen Anfang platzierten Kapitel »Robespierre sucht das schon schwankende Schreckenssystem zu befestigen« druckt *Unsere Zeit* Robespierres »berühmte Rede« vom 5. Februar 1794, »worinn er die Grundsätze einer politischen Moral entwickelte« (UZ XII,22) und worin er bereits die zwei von diesen Grundsätzen abweichenden Fraktionen, die Hébertisten und vor allem die Dantonisten, als die aktuellen Gegner der Revolution angriff (Dok. 1). Büchner übernahm weite Teile dieser Rede wörtlich für Robespierres Ausführungen im Jakobinerklub in I/3, hatte aber zuvor schon Hérault auf

diese Rede anspielen lassen (vgl. Erl. zu 7,18–20) und übernahm später aus ihr u. a. weitere Elemente (vgl. Erl. zu 64,13–17) für Barères Catilina-Vergleich in Szene III/6. Den gegen Ende von Robespierres Rede stehenden Satz »Man sollte […] grausam« übernahm Büchner aus einer Konventsrede Saint-Justs vom 22. Februar 1794 (Dok. 2). Dokument 3 bietet Ausschnitte aus dem Bericht in *Unsere Zeit* über Dantons Verteidigung vor Gericht am zweiten Tag des Prozesses. – Es folgen zwei längere Abschnitte aus Thiers: Legendres Plädoyer für die verhafteten Dantonisten und Robespierres Antwort darauf in der Konventssitzung vom 31. März 1794 (Dok. 4) sowie Dantons Verteidigung vor Gericht (Dok. 5). – In dem folgenden, aus dem Jahr 1800 stammenden Dokument (Dok. 6) rekonstruiert der deutsche Publizist Josef Görres, kurz zuvor noch ein Befürworter der Revolution, die theoretische Legitimation des jakobinischen Terrors. Die Jakobiner, in seiner Sicht »theoretische Praktiker ohne geregelten spekulativen Geist«, hätten die Revolution als ein Mittel zur Verwirklichung von Ideen, vor allem der Idee der »unbedingten Gleichheit«, betrachtet und für die Durchsetzung dieser Idee dasselbe Recht auf Gewalt beansprucht, wie sie auch den Ablauf natürlicher Prozesse kennzeichne. Saint-Justs Grundsatzrede am Ende des 2. Akts stimmt mit Görres' um 1835 sonst kaum noch bekanntem Text in einer überraschend großen Zahl von Elementen überein.

Im übrigen kann der Leser anhand der Dokumente überprüfen, wie Büchner Quellentexte wörtlich übernahm oder aber durch Abwandlungen und Auslassungen veränderte, wie er sich aus einer Vorlage für unterschiedliche Repliken anregen ließ oder aber eine Replik aus ganz unterschiedlichen und verstreuten Passagen der Quelle zusammensetzte. Kenner des Französischen können außerdem Büchners Übersetzungskompetenz überprüfen oder auch beobachten, wie er sich für Formulierungen seiner Dramenpersonen teils an das französische Original, teils

auch an die deutsche Übersetzung in *Unsere Zeit* anlehnte (Dok. 3 und Dok. 5 als sich überlagernde Vorlagen für III/4).
Um die Übernahmen aus dem jeweiligen Quellentext auf einen Blick zu veranschaulichen, sind die wörtlichen Übereinstimmungen halbfett und unterstrichen, die sinngemäßen nur unterstrichen markiert. Eine Unterbrechung der Unterstreichung weist auf eine veränderte Reihenfolge, Auslassungen oder Hinzufügungen innerhalb der Textelemente hin.

1. *Die Geschichte Unserer Zeit*

Dokument 1

UZ XII,34–41 (vgl. *Dantons Tod* I/3, 15,13–16,37, und III/6, 64,13–17):

Ist die Triebfeder der Volksregierung im Frieden die Tugend, so **ist** **die** Triebfeder **der** Volksregierung in einer Revolution zugleich **die Tugend** und [*35*] **der Schrecken**: **die Tugend, weil ohne sie der Schrecken verderblich, der Schrecken, weil ohne** denselben **die Tugend ohnmächtig ist. Der Schrecken ist nichts anders**, **als die schnelle, strenge und unbeugsame Gerechtigkeit**; es ist also **ein Ausfluß der Tugend** […]. Man sagt, **der Schrecken sey** eine Triebfeder der **despotischen Regierung. Die unsrige gliche also dem Despotismus? Freilich, aber so wie das Schwert in den Händen eines Freiheitshelden** einem Säbel **gleicht, womit der Satellit der Tyrann**ei **bewaffnet ist. Regiere der Despot seine thierähnlichen Unterthanen durch den Schrecken; er hat Recht als Despot**. Beherrschet **durch den Schrecken die Feinde der Freiheit, und ihr habt als Stifter der Republik nicht minder Recht. Die Revolutionsregierung ist der Despotismus der Freiheit gegen die Tyrannei.**

[…]
[*36*] […]
Wer **das Laster** nicht haßt, kann die Tugend nicht lieben; dieß bringt die menschliche Natur mit sich. Folglich muß das eine oder die andere unterliegen. **Erbarmen mit den Royalisten! rufen gewisse Leute. Erbarmen mit Bösewichtern? Nein!** Gnade gegen **die Unschuld,** Gnade gegen **die Schwachen,** Gnade gegen **die Unglücklichen,** Gnade gegen **die Menschheit! Nur den friedlichen Bürgern gebührt von Seiten der Gesellschaft Schutz. In einer Republik sind nur Republikaner Bürger. Royalisten und Fremde sind Feinde.**
Ist dieser Krieg, den die Freiheit gegen die Tyrannei erhebt, nicht untheilbar? Sind die Feinde im Innern nicht die Bundesgenossen unserer auswärtigen Feinde? Die Mörder, welche das Vaterland in seinem Innern zerfleischen, die Ränkemacher, die Verräther, die sich erkaufen lassen, die Libellisten, welche dafür bezahlt werden, daß sie die Sache des Volkes entehren, daß sie die öffentliche Tugend morden, daß sie die Flamme der bürgerlichen Zwietracht anschüren, und **eine politische** Gegenrevolution durch **eine moralische** vorbereiten – sind alle diese Menschen minder **ge**[*37*]**fährlich**, als die Tyrannen, welchen sie dienen? Wer seine bürgermordende Barmherzigkeit zwischen diese Bösewichter und das rächende Schwert der Nationalgerechtigkeit stellt, gleicht demjenigen, der sich zwischen die Satelliten der Tyrannen und die Bajonette unserer Krieger wirft. **Alle** Aeußerungen **einer falschen Empfindsamkeit scheinen mir Seufzer, welche nach England oder nach Oesterreich fliegen.**
Wer ist denn der Gegenstand dieses **Erbarmens**? Sind es zweimalhunderttausend Helden, welche das Schwert der **Feinde der Freiheit** oder die Dolche royalistischer und föderalistischer Mörder hingerafft haben? Nein; das waren nur Plebejer, Patrioten. Um Ansprüche auf zärtliches Mitgefühl zu haben, muß man wenigstens die Wittwe eines

Generals seyn, der zwanzigmal an dem Vaterlande zum Verräther geworden ist; um Erbarmen zu verdienen, muß man beinahe beweisen, daß man zehntausend Franzosen aufgeopfert hat, so wie ein römischer General, um zur Ehre des Triumphs zu gelangen, wenn ich mich recht erinnere, zehntausend Feinde getödtet haben mußte.

[…]

[*39*] […] Man jammert über die fortdauernde Verhaftung der Feinde der Republik! Man sucht seine Beispiele in der Geschichte der Tyrannen, weil man sie nicht in der Geschichte der Völker suchen, oder aus dem Genius der bedrohten Freiheit schöpfen mag. Zu Rom wurde der Consul, welcher die Verschwörung des Catilina entdeckte und auf der Stelle durch den Tod seiner Mitschuldigen bestrafte, der verletzten Förmlichkeit angeklagt; aber von wem? [Vgl. 64,13–17.] Von dem ehrgeizigen Cäsar, der seine Partei durch die Horde der Verschwornen verstärken wollte; von den Pisonen, von den Clodiussen, von allen schlechten Bürgern, welche die Tugend eines wahren Römers und die Strenge der Gesetze für sich selbst zu fürchten hatten.

Die Unterdrücker der Menschheit bestrafen, ist Gnade; ihnen verzeihen, ist Barbarei. Die Strenge der Tyrannen findet ihr Prinzip in sich selbst; die Strenge einer republikanischen Regierung geht aus der Wohlthätigkeit hervor.

[…]

[*41*] […]

In zwei Abtheilungen, wie in zwei Heereshaufen, sind die innern Feinde der Republik zerfallen. Unter Bannern von verschiedenen Farben und auf den verschiedensten Wegen gehen sie; aber sie eilen alle zu demselben Ziele.

Dieses Ziel ist – Auflösung der Volksregierung, Vernichtung des Convents, d. h. Triumph der Tyrannei. Die eine dieser Faktionen treibt uns zur Schwäche, die andere zum Uebermaaße.

Dokument 2

UZ XII,73 (vgl. *Dantons Tod* I/3, 17,18–29):

[…] man sollte glauben, daß die Herzen der Schuldigen und ihrer Richter, **in Schrecken gesetzt durch den reißenden Strom der Beispiele, ganz leise die Gerechtigkeit abgekühlt** haben, um ihr entrinnen zu können; **man sollte glauben,** ein **jeder sage zu sich selbst: »Wir sind nicht tugendhaft genug, um so schrecklich zu seyn; philosophische Gesetzgeber, erbarmt euch unserer Schwäche; ich wage euch nicht zu sagen, daß ich lasterhaft bin, ich sage also lieber: Seyd nicht grausam!«**

Dokument 3

UZ XII,106–111 (vgl. *Dantons Tod* III/4, 57,2–59,11):

Als die Reihe der Rechtfertigung an **D a n t o n** kam, verschmähete er Anfangs, sich vor einem **Tribunal** zu vertheidigen, das er selbst gestiftet hatte, und dessen sclavische Verworfenheit er unstreitig nach dem Wohlfahrtsausschuß am besten kannte. Gleich [*107*] beim Eingange des Verhörs hatte er auf die Frage: wie er heiße und wo er wohne, zur Antwort gegeben: »**M e i n e W o h n u n g i s t b a l d i m N i c h t s , u n d m e i n N a m e i m P a n t h e o n**.« Dies wiederholte er jetzt, indem er hinzufügte: »Sollten die Niederträchtigen, die mich **verläumden**, es wagen, sich mir selbst entgegen zu stellen? **Sie mögen sich zeigen, und** bald **werde ich sie** selber **mit Schande** und Schmach **bedecken.** Mein Kopf ist hier; er bürgt für alles. **Das Leben ist mir zur Last; ich sehne mich nach** dem Augenblicke, wo ich davon befreit seyn werde.« – Der Präsident erinnerte ihn hierauf, daß **Kühnheit dem Verbrechen**, und **Ruhe der** Tugend **eigen** wäre, und daß er sich gegenwärtig vor dem Tribunal mit Präcision rechtfertigen müßte. – »**Privatkühnheit**,« antwortete **Danton**, »**ist ohne Zweifel zu tadeln,** und konnte mir nie zum

Vorwurf gemacht werden; aber Nationalkühnheit, wovon ich so oft das Beispiel gegeben habe, und wodurch ich so oft der gemeinen Sache nützlich geworden bin, ist erlaubt, ist in Revolutionszeiten sogar nothwendig; und aus dieser Kühnheit mache ich mir eine Ehre. Wenn ich mich so schwer und so ungerechterweise angeklagt sehe, wie kann ich da meinen Unwillen gegen meine Verläumder zurückhalten? Ist von einem Revolutionsfreunde, wie ich bin, eine kaltblütige Vertheidigung zu erwarten? Männer meines [*108*] Schlages sind nicht zu bezahlen; in unauslöschlichen Characteren tragen sie das Siegel der Freiheit an der Stirn. Und doch beschuldigt man mich, zu den Füßen niedriger Despoten gekrochen, mich der Parthei der Freiheit widersetzt, mich mit Mirabeau und Dumouriez verschworen zu haben! Und ich soll vor der unvermeidlichen, der unerbittlichen Gerechtigkeit antworten! Und du, St. Just, du wirst der Nachwelt für die Verunehrung des besten Volksfreundes, des besten Volksvertheidigers verantwortlich seyn!« […]

[*111*] […]

Die Lebhaftigkeit, mit welcher sich Danton vertheidigt hatte, bewog seine Richter zu dem Vorschlag: Er möchte, was er noch zu seiner Rechtfertigung zu sagen hätte, auf einen Zeitpunkt verschieben, wo er gelassener seyn würde. Danton nahm diesen Vorschlag mit den Worten an: »Seit zwei Tagen kennt das Tribunal Danton; morgen hofft er im Schooße des Ruhms zu entschlummern; nie hat er um Gnade gebeten, und mit aller Heiterkeit, welche dem ruhigen Gewissen eigen ist, wird er aufs Blutgerüst eilen«*).

[…]

*) Dantons fürchterliche Beredtsamkeit setzte den Präsidenten einmal in solche Verlegenheit, daß er zur Klingel griff. Danton kehrte sich daran nicht. – »Hören Sie die Klingel nicht?« fragte der Präsident. – »Die Stimme eines Mannes, der mit seinem Leben seine Ehre zu vertheidigen hat, muß die Töne deiner Klingel besiegen,« antwortete Danton. […]

2. Louis Adolphe Thiers

Dokument 4

Histoire de la Révolution française VI,204–208 (vgl. *Dantons Tod* II/7, 44,24–45,5 und 45,23–47,10):

Legendre, qui n'était pas assez important pour avoir été arrêté avec ses amis, s'empresse de prendre la parole: »Citoyens, dit-il, quatre membres de cette assemblée sont arrêtés de cette nuit; je sais que Danton en est un, j'ignore le nom des autres; mais, quels qu'ils soient, je demande qu'ils puissent être entendus à la barre. Citoyens, je le déclare, je crois Danton aussi pur que [*205*] moi-même, et je ne crois pas que personne ait rien à me reprocher; je n'attaquerai aucun membre des comités de salut public et de sûreté générale, mais j'ai le droit de craindre que des haines particulières et des passions individuelles n'arrachent à la liberté des hommes qui lui ont rendu les plus grands et les plus utiles services. L'homme qui en septembre quatre-vingt-douze sauva la France par son énergie, mérite d'être entendu, et doit avoir la faculté de s'expliquer lorsqu'on l'accuse d'avoir trahi la patrie.«
[…] mais, dans ce moment, Robespierre, devançant le comité, arrive au milieu de la discussion, monte à la tribune, et, avec un ton colère et menaçant, parle en ces termes: »Au trouble depuis long-temps inconnu qui règne dans cette assemblée, à l'agitation qu'a produite le préopinant, on voit bien qu'il est question ici d'un grand intérêt, qu'il s'agit de savoir si quelques hommes l'emporteront aujourd'hui sur la patrie. Mais comment pouvez-vous oublier vos principes, jusqu'à vouloir [*206*] accorder aujourd'hui à certains individus ce que vous avez naguère refusé à Chabot, Delaunay et Fabre-d'Eglantine? Pourquoi cette différence en faveur de quelques hommes? Que m'importent à moi les éloges qu'on se donne à soi

et à ses amis?.... Une trop grande expérience nous a appris à nous défier de ces éloges. Il ne s'agit plus de savoir si un homme a commis tel ou tel acte patriotique, mais quelle a été toute sa carrière...
Legendre paraît ignorer le nom de ceux qui sont arrêtés. Toute la Convention les sait. Son ami Lacroix est du nombre des détenus; pourquoi Legendre feint-il de l'ignorer? Parce qu'il sait bien qu'on ne peut sans impudeur défendre Lacroix. Il a parlé de Danton, parce qu'il croit qu'à ce nom sans doute est attaché un privilége... Non, nous ne voulons pas de priviléges; nous ne voulons point d'idoles!...«
A ces derniers mots des applaudissemens éclatent, et les lâches, tremblant en ce moment devant une idole, applaudissent néanmoins au renversement de celle qui n'est plus à craindre. Robespierre continue: »En quoi Danton est-il supérieur à Lafayette, à Dumouriez, à Brissot, [*207*] à Fabre, à Chabot, à Hébert? Que ne dit-on de lui qu'on ne puisse dire d'eux? Cependant les avez-vous ménagés? On vous parle du despotisme des comités, comme si la confiance que le peuple vous a donnée, et que vous avez transmise à ces comités, n'était pas un sûr garant de leur patriotisme. On affecte des craintes; mais, je le dis, quiconque tremble en ce moment est coupable, car jamais l'innocence ne redoute la surveillance publique.«
Ici nouveaux applaudissemens de ces mêmes lâches qui tremblent, et veulent prouver qu'ils n'ont pas peur. »Et moi aussi, ajoute Robespierre, on a voulu m'inspirer des terreurs. On a voulu me faire croire qu'en approchant de Danton, le danger pouvait arriver jusqu'à moi. On m'a écrit, les amis de Danton m'ont fait parvenir des lettres, m'ont obsédé de leurs discours; ils ont cru que le souvenir d'une ancienne liaison, qu'une foi antique dans de fausses vertus, me détermineraient à ralentir mon zèle et ma passion pour la liberté. Eh bien! je déclare que si les dangers de Danton devaient devenir les miens, cet-

te considération ne m'arrêterait pas un instant. C'est ici qu'il nous faut à tous quelque [*208*] courage et quelque grandeur d'âme. Les âmes vulgaires ou les hommes coupables craignent toujours de voir tomber leurs semblables, parce que, n'ayant plus devant eux une barrière de coupables, ils restent exposés au jour de la vérité; mais s'il existe des âmes vulgaires, il en est d'héroïques dans cette assemblée, et elles sauront braver toutes les fausses terreurs. D'ailleurs le nombre des coupables n'est pas grand; le crime n'a trouvé que peu de partisans parmi nous, et en frappant quelques têtes la patrie sera délivrée.«

Dokument 5

Histoire de la Révolution française VI,217–221 (vgl. *Dantons Tod* III/4, 57,7–59,8):

»Danton, lui dit le président, la Convention vous accuse d'avoir conspiré avec Mirabeau, avec Dumouriez, avec d'Orléans, avec les girondins, avec l'étranger, et avec la faction qui veut rétablir Louis XVII. – Ma voix, répondit Danton avec son organe puissant, ma voix qui tant de fois s'est fait entendre pour la cause du peuple, n'aura pas [*218*] de peine à repousser la calomnie. Que les lâches qui m'accusent paraissent, et je les couvrirai d'ignominie. .... Que les comités se rendent ici, je ne répondrai que devant eux; il me les faut pour accusateurs et pour témoins. .... Qu'ils paraissent. .... Au reste peu m'importe, vous et votre jugement. .. je vous l'ai dit: le néant sera bientôt mon asyle. La vie m'est à charge, qu'on me l'arrache ... Il me tarde d'en être délivré.« [...] – »Danton, dit le président, l'audace est le propre du crime; le calme est celui de l'innocence.« – A ce mot Danton s'écrie: »L'audace individuelle est réprimable sans doute; mais cette audace nationale dont j'ai tant de fois donné l'exemple, dont j'ai tant de fois servi la liberté, est la plus méritoire de toutes les vertus. Cette audace est la mienne; [*219*] c'est celle dont je fais ici usage pour la république contre les lâches qui m'accusent. Lorsque je me vois si bassement calomnié, puis-je me contenir? Ce n'est pas d'un révolutionnaire comme moi qu'il faut attendre une défense froide... les hommes de ma trempe sont inappréciables dans les révolutions ... c'est sur leur front qu'est empreint le génie de la liberté.« – En disant ces mots, Danton agitait sa tête et bravait le tribunal. Ses traits si redoutés produisaient une impression profonde. Le peuple, que la force touche, laissait échapper un murmure approbateur. – »Moi, continuait Danton, moi accusé d'avoir conspiré avec Mirabeau, avec Dumouriez, avec Orléans, d'avoir rampé aux pieds des vils despotes! c'est moi que l'on somme de répondre à la justice inévitable, inflexible... Et toi, lâche Saint-Just, tu répondras à la postérité de ton accusation contre le meilleur soutien de la liberté... En parcourant cette liste d'horreurs, ajoute Danton en montrant l'acte d'accusation, je sens tout mon être frémir.« – Le président lui recommande de nouveau d'être calme, et lui cite l'exemple de Marat, qui ré[*220*]pondit avec respect au tribunal. – Danton reprend et dit que, puisqu'on le veut, il va raconter sa vie. [...] »Où sont, s'écrie-t-il, les hommes qui eurent besoin de presser Danton pour l'engager à se montrer dans cette journée? Où sont les êtres privilégiés dont il a emprunté l'énergie? Qu'on les fasse paraître mes accusateurs... j'ai toute la plénitude de ma tête lorsque je les demande... je dévoilerai les trois plats coquins qui ont en[*221*]touré et perdu Robespierre... qu'ils se produisent ici, et je les plongerai dans le néant, dont ils n'auraient jamais dû sortir...« – Le président veut interrompre de nouveau Danton, et agite sa sonnette. Danton en couvre le bruit avec sa voix terrible. – »Est-ce que vous ne m'entendez pas? lui dit le président. – La voix d'un homme, reprend

Danton, qui défend son honneur et sa vie, doit vaincre le bruit de ta sonnette.« – Cependant il était fatigué d'indignation; sa voix était altérée; alors le président l'engagea avec égard à prendre quelque repos, pour recommencer sa défense avec plus de calme et de tranquillité.

3. Joseph Görres

Dokument 6

Resultate meiner Sendung nach Paris 42–45 (vgl. *Dantons Tod* II/7, 47,16–48,16):

Die ersten stellten die Lehre auf: die Theorie ist für die Menschen gemacht, und diese nicht für jene [...].
Die andern behaupteten: unabhängig von aller Erfahrung existirt die Theorie, erhaben über die Ohnmacht der gegenwärtigen Menschheit soll sie durchgeführt werden, mögen Millionen für [*43*] die Gattung bluten. Die Menschen sind nichts, nur äußere Gewalt kann sie ihrer Trägheit entreißen, allmähliges Fortschreiten ist Rückwärtsgehen.
[...]
Die Ruhe unter so ungleichartigen Bestandtheilen konnte nicht lange dauern, das zweyte große Schisma trat ein: die praktischen Theoretiker ohne thätigen praktischen Sinn die Girondisten, trennten sich von den theoretischen Praktikern ohne geregelten spekulativen Geist, den Jakobinern.
Wo alle physischen Kräfte auf der einen, und nur geistige auf der andern Seite standen, da konnte der Kampf nicht lange dauern; die Girondisten unterlagen, die Jakobiner

herrschten unbeschränkt, und hatten freyen Spielraum ihre kühnen Konzeptionen zu realisiren.
[...]
[*45*] Es konnte nicht fehlen innerer und äußerer Widerstand mußte sich zeigen. Da creirte man die allgemeine Handlungsmaxime: auch das Rad der Natur rollt hin, und in seinen Speichen hängen Millionen zerrißener Leichen. Was ist Menschenleben bey den Kombinationen physischer Kräfte zum allgemeinen Cyklus der Naturbegebenheiten? Sollen geistige Kräfte in ihrem Kombiniren ängstlicher verfahren, sollen sie sich hemmen laßen von der rohen Materie, die unfolgsam und träge ihren Formirungen sich entgegensträubt? Nein der Geist ordne in seiner höhern Sphäre, und trage dann die Ordnung in die niedere über, was sich ihm entgegensetzt, das werde vernichtet! Wo innere Selbstthätigkeit fehlt, da werde durch äußere Hebel nachgeholfen, Furcht ersetze den Mangel der überzeugten Willigkeit. Hat die Pfaffheit so lange mit der Zukunft geschreckt, und ihre rechtswidrigen Zwecke erreicht, so sollen uns die Schrecken der Gegenwart unserem von der Natur selbst vorgesteckten Ziele entgegenführen. Tod also sey die Losung gegen innere, Tod gegen äußere Feinde! So ward der Terrorism das Regulativ der Handlungsweiße der Jakobiner.

IV. Literarische Quellen

Einleitung

»[D]as einzige Kriterium in Kunstsachen«, so sagt sehr bestimmt die Titelfigur von Büchners *Lenz*-Fragment (MBA V,37), sei »das Gefühl, daß Was geschaffen sey, Leben habe«, und man finde dieses Gefühl »in Shakespeare« sowie »in den Volksliedern [...] ganz, in Göthe manchmal«; im Brief über *Dantons Tod* vom 28. Juli 1835 (vgl. Dok. 19, S. 177–179) hatte Büchner sein künstlerisches Glaubensbekenntnis in dem »Wort« zusammengefasst, er »halte viel auf Goethe und Shakespeare, aber sehr wenig auf Schiller«, in dem an Gutzkow gerichteten Begleitbrief zu *Dantons Tod* vom 21. Februar 1835 hatte er sich über etwaige Verstöße seines Dramas gegen die Wahrheit der Geschichte »mit dem Gedanken« getröstet, »daß, Shakespeare ausgenommen, alle Dichter vor ihr und der Natur wie Schulknaben dastehen« (vgl. Dok. 17, S. 175), und seine Züricher Doppelbelastung als Universitätsdozent und Dichter spielte er in einem Brief an Wilhelmine Jaeglé vom 20. Januar 1837 folgendermaßen herunter: »Der arme Shakspeare war Schreiber den Tag über und mußte Nachts dichten, und ich, der ich nicht werth bin, ihm die Schuhriemen zu lösen, hab's weit besser.« Diese wiederkehrende Herabsetzung des eigenen Werkes gegenüber dem von Shakespeare bedeutet nicht etwa einen Mangel an Selbstbewusstsein. Im Gegenteil. Büchner maß sich an dem Größten unter den nachantiken Dramenautoren und mag auch subjektiv wahrgenommen haben, was sein Freund Wilhelm Schulz später über ihn sagte: »Keiner wußte es besser, als Büchner selbst, daß er kein S h a k e s p e a r e war. Aber wenn irgend Einer, so hatte er das Zeug dazu es zu werden« (L5: Grab 1985, S. 65).

Der überragenden Bedeutung Shakespeares für Büchner wird die folgende Auswahl an literarischen Quellen in-

sofern gerecht, als natürlich auch Goethes *Egmont* wie *Dantons Tod* deutlich in der Nachfolge von Shakespeares Historiendramen steht. Präsentiert werden drei unterschiedliche Vorbilder für Volksszenen, aus denen Büchner zweifellos für seine eigene Szenengestaltung lernte. Wie die Verzweiflung der ausgehungerten und empörten Pariser Bevölkerung sich Luft verschaffte in Formen der ›Selbstjustiz‹, das konnte Büchner in verschiedenen Partien seiner Quellen, vor allem in *Unsere Zeit* nachlesen; wie man solche Vorfälle szenisch gestaltete, war teils in Shakespeares Römerdramen (*Julius Caesar*), vor allem aber in seinen die englischen Dynasten- und Bürgerkriege dramatisierenden »Histories« zu studieren. Wiedergegeben wird in Dokument 7 eine bekannte Episode aus einem Plebejeraufstand des Jack Cade aus dem Jahr 1450, in dem unter anderem an der Schriftfähigkeit die Zugehörigkeit zu den höheren Klassen abgelesen wird. Wenn Büchner im *Hessischen Landboten* über »die Reichen« sagt, »sie wohnen in schönen Häusern, sie tragen zierliche Kleider, sie haben feiste Gesichter und reden eine eigne Sprache« (HA II,34), so steht vor allem die Verfügung über die Hochsprache noch in dieser Tradition. Und es zeugt für deren Brisanz und für fortbestehende Ängste, dass die natürlich hochsprachlichen und schriftfähigen Bearbeiter der 2. Auflage der Flugschrift diese gesamte Passage tilgten.
Das zweite Beispiel (Dok. 8), wiederum aus Shakespeares Cade-Episoden, zeigt den abrupten Sinneswandel des Volkes und stellt einen Gemeinplatz antiplebejischer und übrigens auch antidemokratischer Argumentationen dar. Bei der Lektüre der hiervon angeregten Volksszene III/10 in *Dantons Tod* lässt sich freilich fragen, ob Büchner hier einen kopflosen Sinneswandel darstellt oder ob bei ihm nicht das ›Volk‹ nach Austausch von Argumenten eine zwar vielleicht falsche, aber in seiner Logik nachvollziehbare Entscheidung trifft. – Das dritte Beispiel (Dok. 11), aus Goethes *Egmont*, zeigt die Titelfigur des Dramas bei

ihrem ersten Erscheinen. Wie bei Robespierre handelt es sich um einen Auftritt »mit Begleitung« hinein in einen Volkstumult.

Eine weitere Volksszene – freilich nicht mit tumultuarischem, sondern mit friedlich flanierendem Volk – präsentiert Büchner auch gegen Anfang des 2. Aktes als Unterbrechung einer Handlungsfolge, an deren Ende, wie der Zuschauer weiß, die Verhaftung Dantons und Desmoulins' stehen wird. Näher als eine ähnliche Szene aus Grabbes 1831 erschienenem Drama *Napoleon oder die hundert Tage* steht Büchners Szenengestaltung die zum Komplex des »Osterspaziergangs« gehörige Promenadenszene aus *Faust I* (Dok. 10). Gleiche Elemente (Soldaten, anzügliches Lied eines Bettlers, Gespräche bürgerlicher Philister und all dies in schnellem Wechsel) sind unschwer erkennbar.

Dass Büchner über ein bemerkenswertes komisch-satirisches Talent verfügte, wissen wir aus vielen seiner Briefe und auch von mehreren Zeugen, so durch die Erinnerung des Schulfreundes Ludwig Wilhelm Luck, die Darmstädter Verhältnisse hätten Büchner »ergötzlichen Stoff zu allerlei kritischem und humoristischen Wetteifer in Beurtheilung der Zustände« geboten, ihn aber auch zu »einer manchmal mit Hohn verbundenen unerbittlichen Kritik« veranlasst, und ebenso erinnerte sich später Wilhelm Schulz an Büchners »Gabe« für »bald tragisch erschütternde Auftritte, bald die seltsamsten und lustigsten Verwicklungen nur so als beiläufige Zugabe zur Unterhaltung« (L5: Grab 1985, S. 65). Für den durchaus auch harten Zusammenprall beider Stilformen in einem szenischen Zusammenhang war Shakespeare teils berüchtigt, teils berühmt, und Büchner folgte diesem Vorbild z. B. in den Szenen I/2 (der betrunkene Simon und seine Frau als Rahmung eines Hungeraufstands und des Auftritts von Robespierre) oder II/6 (Simon und Bürgersoldaten mit teils zotigen, teils gegen die Nationalromantik gerichteten Witzen unterbrechen die tragisch-erhabene Handlungsfolge, die von Dantons Albtraum zu Saint-Justs Grundsatzrede führt). Die abgedruckte Szene aus *Hamlet* (Dok. 9) zeigt dieselbe Kontrasttechnik: zwei Totengräber schaufeln witzereißend und singend die Grube für Ophelia, die sich im Wahnsinn ertränkt hat, vor den Ohren Hamlets, der Ophelia geliebt hatte. Diese Konstellation gab offenbar die Anregung für Elemente in der Szene IV/4, also für zotige und sonstige, auch im Einzelnen von *Hamlet* angeregte Witzdialoge zwischen Prostituierten und den Fuhrleuten der Hinrichtungskarren, oder auch für die Szene IV/9, wo zwischen den an Shakespeares *Lear* orientierten Auftritten der wahnsinnig gewordenen Lucile zwei städtische Beamte ein populäres ›Liebeslied‹ singen, während sie mit der Reinigung der Guillotine beschäftigt sind. Weitere Anregungen durch Shakespeare, darunter auch vieles von dem, was der Herausgeber Gutzkow im Brief an Büchner vom 3. März 1835 als »Quecksilberblumen«, also ›Syphilisblüten‹ von dessen »Phantasie«, als Prostituiertenwitze oder auch als »[l]ange zweideutige Dialoge in den Volksscenen, die von Witz und Gedankenfülle sprudelten« (zit. nach GW IX,338), bezeichnete, sind in den Stellenerläuterungen verzeichnet.

Das letzte Beispiel (Dok. 12) verweist auf Büchners Meisterschaft im lyrisch-pathetischen Ton und die Anregungen, die er hierfür aus Goethes *Egmont* erhielt.

1. William Shakespeare

Dokument 7

Heinrich VI., 2. Teil, IV/2 (zu *Dantons Tod* I/2: Lynchjustiz):

Johann. Ich seh' sie kommen! ich seh' sie kommen! da ist Best's Sohn, der Gerber von Wingham. –

Georg. Der soll das Fell unsrer Feinde kriegen, um Hundsleder daraus zu machen.

[…]

Johann. Und Smith, der Leinweber, –

Georg. Ergo ist ihr Lebensfaden abgehaspelt.

[...]

Cade. [...] Nun, was giebt's? wen habt ihr da?

(Es kommen Leute, die den Schreiber von Chatham vorführen.)

Smith. Den Schreiber von Chatham: er kann lesen und schreiben, und Rechnungen aufsetzen.

Cade. O abscheulich!

Smith. Wir ertappten ihn dabey, daß er den Jungen ihre Exempel durchsah.

Cade. Das ist mir ein Bösewicht!

Smith. Er hat ein Buch in der Tasche, da sind rothe Buchstaben drin.

Cade. Ja, dann ist er gewiß ein Beschwörer.

Märten. Ja, er kann auch Verschreibungen machen und Kanzleyschrift schreiben.

Cade. Es thut mir leid; der Mann ist, bei meiner Ehre, ein hübscher Mann; wenn ich ihn nicht schuldig finde, so soll er nicht sterben. – Komm her, Bursch, ich muß dich verhören. Wie ist dein Name?

Schreiber. Emanuel.

Märten. Das pflegen sie an die Spitze der offenen Sendschreiben zu setzen. – Es wird euch schlimm ergehn.

Cade. Laßt mich allein machen. Pflegst du deinen Namen auszuschreiben, oder hast du ein Zeichen dafür wie ein ehrlicher schlichter Mann?

Schreiber. Gott sey Dank, Herr, ich bin so gut erzogen, daß ich meinen Namen schreiben kann.

Alle. Er hat bekannt: fort mit ihm! Er ist ein Schelm und ein Verräther.

Cade. Fort mit ihm, sage ich! hängt ihn mit seiner Feder und Dintenfaß um den Hals.

(Einige mit dem Schreiber ab.)

Shak[e]speare's dramatische Werke. Übers. von August Wilhelm Schlegel. Neue Auflage. Bd. 8. Berlin: Reimer, 1823. S. 125f., S. 128–130.

Dokument 8

Heinrich VI., 2. Teil, IV/8 (zu *Dantons Tod* III/10: Parteiwechsel des Volkes):

Southwark.
(Getümmel. Cade mit seinem Gesindel tritt auf.)

Cade. Die Fischerstraße herauf! die Sankt Magnus Ecke hinunter! Todtgeschlagen! In die Themse geworfen!
(Es wird zur Unterhandlung geblasen, hierauf zum Rückzug.)
Was für einen Lärm hör' ich? Wer darf so verwegen seyn, zum Rückzug oder zur Unterhandlung zu blasen, wenn ich alles todtschlagen heiße?
(Buckingham und der alte Clifford treten auf mit Truppen.)

Buckingham. Hier sind sie, die das dürfen, und dich
Verstören wollen. Wisse, Cade, denn:
Als Abgesandte kommen wir vom König
Zum Volke, welches du misleitet hast,
und künden hier Verzeihung jedem an,
Der dich verläßt und friedlich heim will gehn.

Clifford. Was sagt ihr, Landsgenossen? [...]
Wer unsern König liebt, und die Verzeihung
Benutzen will, der schwinge seine Mütze,
Und sage: Gott erhalte seine Majestät!

Alle. Gott erhalte den König! Gott erhalte den König!

Cade. Was, Buckingham und Clifford, seyd ihr so brav? – Und ihr, schlechtes Bauernvolk, glaubt ihr ihm? [...] So mögen sie euch dann den Rücken mit Lasten zerbrechen, euch die Häuser über dem Kopf wegnehmen, eure Weiber und Töchter vor euren Augen nothzüchtigen; was mich betrifft, ich will jetzt nur für Einen sorgen, und euch Alle möge Gottes Fluch treffen!

Alle. Wir folgen unserm Cade! wir folgen unserm Cade!

Clifford. Ist Cade Sohn Heinrichs des fünften,
Daß ihr so ausruft, ihr wollt mit ihm gehn?
Führt er euch wohl in Frankreichs Herz, und macht
Den kleinsten unter euch zum Graf und Herzog?
Ach, er hat keine Heimath, keine Zuflucht,
Und kann nicht anders leben als durch Plündrung,
Indem er eure Freund' und uns beraubt.
Welch eine Schmach, wenn, während ihr euch zankt,
Die scheuen Franken, die ihr jüngst besiegt,
Die See durchkreuzten und besiegten euch?
[...]
Eh laßt zehntausend niedre Cade's verderben,
Als ihr euch beugt vor eines Franken Gnade!
Nach Frankreich! Frankreich! bringt verlohrnes ein!
Schont England, euren heimathlichen Strand.
Heinrich hat Geld, und ihr seyd stark und männlich:
Gott mit uns, zweifelt nicht an eurem Sieg.

Alle. Clifford hoch! Clifford hoch! Wir folgen dem Könige und Clifford.

Ebd. S. 151–154.

Dokument 9

Hamlet V/1 (zu *Dantons Tod* IV/4 und IV/9: Dialog der Fuhrleute und singender Henker):

Ein Kirchhof.

(Zwey Todtengräber kommen mit Spaten u. s. w.)

[...]

Erster Todtengräber. [...] Und es ist doch ein Jammer, daß die großen Leute in dieser Welt mehr Aufmunterung haben, sich zu hängen und zu ersäufen als ihre Christenbrüder. Komm, den Spaten her! Es giebt keine so alten Edelleute als Gärtner, Grabenmacher und Todtengräber: sie pflanzen Adams Profession fort.

Zweyter Todtengräber. War der ein Edelmann?

Erster Todtengräber. Er war der erste, der je armirt war.

Zweyter Todtengräber. Ey, was wollt' er!

Erster Todtengräber. Was? bist ein Heide? Wie legst du die Schrift aus? Die Schrift sagt: Adam grub. Konnte er ohne Arme graben? Ich will dir noch eine andre Frage vorlegen: wenn du mir nicht gehörig antwortest, so bekenne –

Zweyter Todtengräber. Nur zu!

Erster Todtengräber. Wer baut fester als der Maurer, der Schiffsbaumeister oder der Zimmermann?

Zweyter Todtengräber. Der Galgenmacher, denn sein Gebäude überlebt an die tausend Bewohner.

Erster Todtengräber. Dein Witz gefällt mir, meiner Treu. Der Galgen thut gut: aber wie thut er gut? Er thut gut an denen, die übel thun. Nun thust du übel, zu sagen, daß der Galgen stärker gebaut ist, als die Kirche, also würde der Galgen an dir gut thun. Noch 'mal dran! frisch!

Zweyter Todtengräber. Wer stärker baut als ein Maurer, ein Schiffsbaumeister oder ein Zimmermann?

Erster Todtengräber. Ja, sag mir das, und du sollst Feyerabend haben.

Zweyter Todtengräber. Mein Seel, nun kann ichs sagen.

Erster Todtengräber. Frisch!

Zweyter Todtengräber. Sapperment, ich kanns doch nicht sagen.

(Hamlet und Horatio treten in einiger Entfernung auf.)

Erster Todtengräber. Zerbrich dir den Kopf nicht weiter darum, der dumme Esel geht doch nicht schneller, wie du ihn auch prügeln magst; und wenn dir jemand das nächste Mal die Frage thut, antworte: der Todtengräber. Die Häuser, die er baut, währen bis zum jüngsten Tage.

Geh, mach' dich ins Wirthshaus, und hole mir einen Schoppen Brantewein. (Zweyter Todtengräber ab.)

(Er gräbt und singt.)

In jungen Tagen ich lieben thät,
Das dünkte mir so süß.
Die Zeit zu verbringen, ach früh und spät,
Behagte mir nichts wie dieß.

Ebd. Bd. 3. 1823. S. 321–325.

2. Johann Wolfgang Goethe

Dokument 10

Faust I, V. 807/808–915 (zu *Dantons Tod* II/2: Promenadenszene):

Vor dem Thor.
(Spaziergänger aller Art ziehen hinaus.)

[...]
Schüler. Blitz, wie die wackern Dirnen schreiten!
Herr Bruder komm! wir müssen sie begleiten.
Ein starkes Bier, ein beizender Toback,
Und eine Magd im Putz das ist nun mein Geschmack.
Bürgermädchen.
Da sieh mir nur die schönen Knaben!
Es ist wahrhaftig eine Schmach;
Gesellschaft könnten sie die allerbeste haben,
Und laufen diesen Mägden nach!
Zweyter Schüler (zum ersten).
Nicht so geschwind! dort hinten kommen zwey,
Sie sind gar niedlich angezogen,
's ist meine Nachbarin dabei;
Ich bin dem Mädchen sehr gewogen.
Sie gehen ihren stillen Schritt
Und nehmen uns doch auch am Ende mit.

Erster.
Herr Bruder nein! Ich bin nicht gern genirt.
Geschwind! daß wir das Wildpret nicht verlieren.
Die Hand, die Samstags ihren Besen führt,
Wird Sonntags dich am besten caressiren.
Bürger.
Nein, er gefällt mir nicht, der neue Burgemeister!
Nun, da er's ist, wird er nur täglich dreister.
Und für die Stadt was thut denn er?
Wird es nicht alle Tage schlimmer?
Gehorchen soll man mehr als immer,
Und zahlen mehr als je vorher.
Bettler (singt).
Ihr guten Herrn, ihr schönen Frauen,
So wohlgeputzt und backenroth,
Belieb' es euch mich anzuschauen,
Und seht und mildert meine Noth!
Laßt hier mich nicht vergebens leyern!
Nur der ist froh, der geben mag.
Ein Tag den alle Menschen feyern,
Er sey für mich ein Erntetag.
Andrer Bürger.
Nichts bessers weiß ich mir an Sonn- und Feyertagen,
Als ein Gespräch von Krieg und Kriegsgeschrey,
Wenn hinten, weit, in der Türkey,
Die Völker auf einander schlagen.
Man steht am Fenster, trinkt sein Gläschen aus
Und sieht den Fluß hinab die bunten Schiffe gleiten;
Dann kehrt man abends froh nach Haus,
Und segnet Fried' und Friedenszeiten.
[…]
Alte (zu den Bürgermädchen).
Ey! wie geputzt! das schöne junge Blut!
Wer soll sich nicht in euch vergaffen? –
Nur nicht so stolz! Es ist schon gut!
Und was ihr wünscht das wüßt' ich wohl zu schaffen.

Bürgermädchen.
Agathe fort! ich nehme mich in Acht,
Mit solchen Hexen öffentlich zu gehen;
Sie ließ mich zwar, in Sanct Andreas Nacht,
Den künft'gen Liebsten leiblich sehen.
Die Andre. Mir zeigte sie ihn im Krystall,
Soldatenhaft, mit mehreren Verwegnen;
Ich seh' mich um, ich such' ihn überall,
Allein mir will er nicht begegnen.
Soldaten. Burgen mit hohen
Mauern und Zinnen,
Mädchen mit stolzen
Höhnenden Sinnen
Möcht' ich gewinnen!
[...]
(Faust und Wagner.)
Faust. Vom Eise befreit sind Strom und Bäche
Durch des Frühlings holden, belebenden Blick;
Im Thale grünet Hoffnungs-Glück;
Der alte Winter, in seiner Schwäche,
Zog sich in rauhe Berge zurück.
Von dorther sendet er, fliehend, nur
Ohnmächtige Schauer körnigen Eises
In Streifen über die grünende Flur;
Aber die Sonne duldet kein Weißes,
Ueberall regt sich Bildung und Streben,
Alles will sie mit Farben beleben;
Doch an Blumen fehlt's im Revier,
Sie nimmt geputzte Menschen dafür.

Goethe's Werke. Vollständige Ausgabe letzter Hand. Bd. 12. Stuttgart/Tübingen: Cotta, 1828. S. 48–53.

Dokument 11

Egmont II/1 (zu *Dantons Tod* I/2: Auftritt Robespierres):

Das Volk. Wir haben noch Egmont! noch Oranien! Die sorgen für unser Bestes.

Vansen. Eure Brüder in Flandern haben das gute Werk angefangen.

Seifensieder. Du Hund!

(Er schlägt ihn.)

Andere (widersetzen sich und rufen). Bist du auch ein Spanier?

Ein Anderer. Was? den Ehrenmann?

Ein Anderer. Den Gelahrten?

(Sie fallen den Seifensieder an.)

Zimmermeister. Um's Himmels willen, ruht!

(Andere mischen sich in den Streit.)

Zimmermeister. Bürger, was soll das?

(Buben pfeifen, werfen mit Steinen, hetzen Hunde an, Bürger stehn und gaffen, Volk läuft zu, Andere gehn gelassen auf und ab, Andere treiben allerlei Schalkspossen, schreien und jubiliren.)

Andere. Freiheit und Privilegien! Privilegien und Freiheit!

Egmont (tritt auf mit Begleitung). Ruhig! Ruhig, Leute! Was gibt's? Ruhe! Bringt sie aus einander!

Zimmermeister. Gnädiger Herr, ihr kommt wie ein Engel des Himmels. Stille! seht ihr nichts? Graf Egmont! Dem Grafen Egmont Reverenz!

Egmont. Auch hier? Was fangt ihr an? Bürger gegen Bürger! Hält sogar die Nähe unsrer königlichen Regentin diesen Unsinn nicht zurück? Geht aus einander, geht an euer Gewerbe! Es ist ein übles Zeichen wenn ihr an Werktagen feyert. Was war's?

(Der Tumult stillt sich nach und nach, und alle stehen um ihn herum.)

Ebd. Bd. 8. 1828. S. 204–206.

Dokument 12

Egmont V/3 (zu *Dantons Tod* IV/6 und IV/8: Monologe Julies und Luciles):

Clärchens Haus.

Clärchen (kommt mit einer Lampe und einem Glas Wasser aus der Kammer; sie setzt das Glas auf den Tisch und tritt an's Fenster). Brackenburg? Seyd ihr's? Was hört' ich denn? noch niemand? Es war niemand! Ich will die Lampe in's Fenster setzen, daß er sie sieht, ich wache noch, ich warte noch auf ihn. Er hat mir Nachricht versprochen. Nachricht? Entsetzliche Gewißheit – Egmont verurtheilt! [...] Ist dieß die Welt, von deren Wankelmuth, Unzuverlässigkeit ich viel gehört und nichts empfunden habe? Ist dieß die Welt? [...]

(Brackenburg tritt auf.)

[...]

Clärchen. Leise, Lieber, daß niemand erwache: daß wir uns selbst nicht wecken! Kennst du dieß Fläschchen, Brackenburg? Ich nahm dir's scherzend, als du mit übereiltem Tod' oft ungeduldig drohtest. – Und nun, mein Freund –

Brackenburg. In aller Heiligen Namen! –

Clärchen. Du hinderst nichts. Tod ist mein Theil! und gönne mir den sanften schnellen Tod, den du mir selbst bereitetest. Gib mir deine Hand! – Im Augenblick, da ich die dunkle Pforte eröffne, aus der kein Rückweg ist, könnt' ich mit diesem Händedruck dir sagen: wie sehr ich dich geliebt, wie sehr ich dich bejammert. Mein Bruder starb mir jung; dich wählt' ich seine Stelle zu ersetzen. Es widersprach dein Herz und quälte sich und mich, verlangtest heiß und immer heißer was dir nicht beschieden war. Vergib mir und leb' wohl! Laß mich dich Bruder nennen! Es ist ein Name, der viel Namen in sich faßt.. Nimm die letzte schöne Blume der Scheidenden mit treuem Herzen ab – nimm diesen Kuß – Der Tod vereinigt alles, Brackenburg, uns denn auch.

Brackenburg. So laß mich mit dir sterben! Theile! Theile! Es ist genug, zwey Leben auszulöschen.

Clärchen. Bleib! du sollst leben, du kannst leben. – Steh' meiner Mutter bei, die ohne dich in Armuth sich verzehren würde. [...] Lebt, ihr Armen, die Zeit noch hin, die keine Zeit mehr ist. Heut steht die Welt auf einmal still; es stockt ihr Kreislauf, und mein Puls schlägt kaum noch wenige Minuten. Leb' wohl!

Brackenburg. O lebe du mit uns, wie wir für dich allein! Du tödtest uns in dir, o leb' und leide. Wir wollen unzertrennlich dir zu beiden Seiten stehn, und immer achtsam soll die Liebe den schönsten Trost in ihren lebendigen Armen dir bereiten. Sey unser! Unser! Ich darf nicht sagen, mein.

Clärchen. Leise, Brackenburg! Du fühlst nicht was du rührst. Wo Hoffnung dir erscheint ist mir Verzweiflung.

[...]

Brackenburg. Du bist betäubt; gehüllt in Nacht suchst du die Tiefe. Noch ist nicht jedes Licht erloschen, noch mancher Tag! –

Clärchen. Weh! über dich Weh! Weh! Grausam zerreißest du den Vorhang vor meinem Auge. Ja, er wird grauen der Tag! vergebens alle Nebel um sich ziehn und wider Willen grauen! Furchtsam schaut der Bürger aus seinem Fenster, die Nacht läßt einen schwarzen Flecken zurück; er schaut, und fürchterlich wächs't im Lichte das Mordgerüst. Neuleidend wendet das entweihte Gottesbild sein flehend Auge zum Vater auf. Die Sonne wagt sich nicht hervor; sie will die Stunde nicht bezeichnen, in der er sterben soll. Träge geh'n die Zeiger ihren Weg, und eine Stunde nach der andern schlägt. Halt! Halt! Nun ist die Zeit! mich scheucht des Morgens Ahnung in das Grab. (Sie tritt an's Fenster, als sähe sie sich um, und trinkt heimlich.)

Brackenburg. Cläre! Cläre!

Clärchen (geht nach dem Tisch und trinkt das Wasser). Hier ist der Rest! Ich locke dich nicht nach. Thu' was du darfst, leb' wohl. Lösche diese Lampe still und ohne Zaudern, ich geh' zur Ruhe. Schleiche dich sachte weg, ziehe die Thür nach dir zu. Still! Wecke meine Mutter nicht! Geh, rette dich! Rette dich! wenn du nicht mein Mörder scheinen willst. (Ab.)

Ebd. S. 277–284.

V. Dokumente zur Poetik und Entstehung

Dokument 13

Brief Büchners an die Eltern:

Straßburg, [vermutlich 6.] April 1833.

Heute erhielt ich Euren Brief mit den Erzählungen aus F r a n k f u r t.[1] Meine Meinung ist die: Wenn in unserer Zeit etwas helfen soll, so ist es G e w a l t. Wir wissen, was wir von unseren Fürsten zu erwarten haben. Alles, was sie bewilligten, wurde ihnen durch die Nothwendigkeit abgezwungen. Und selbst das Bewilligte wurde uns hingeworfen, wie eine erbettelte Gnade und ein elendes Kinderspielzeug, um dem ewigen Maulaffen V o l k seine zu eng geschnürte Wickelschnur vergessen zu machen. [...] Man wirft den jungen Leuten den Gebrauch der Gewalt vor. Sind wir denn aber nicht in einem ewigen Gewaltzustand? Weil wir in Kerker geboren und großgezogen sind, merken wir nicht mehr, daß wir im Loch stecken mit angeschmiedeten Händen und Füßen und einem Knebel im Munde. Was nennt Ihr denn g e s e t z l i c h e n Z u s t a n d? Ein G e s e t z, das die große Masse der Staatsbürger zum frohnenden Vieh macht, um die unnatürlichen Bedürfnisse einer unbedeutenden und verdorbenen Minderzahl zu befriedigen? Und dies Gesetz, unterstützt durch eine rohe Militärgewalt und durch die dumme Pfiffigkeit seiner Agenten, dies Gesetz ist eine e w i g e, r o h e G e w a l t, angethan dem Recht und der gesunden Vernunft, und ich werde mit M u n d und H a n d dagegen kämpfen, wo ich kann. [...][2]

1 Büchner bezieht sich hier auf den Frankfurter Wachensturm vom 3. April 1833.

2 Büchners Briefe werden zitiert nach den Handschriften oder dem Erstdruck.

Dokument 14

Brief Büchners an August Stöber:

Darmstadt: d. 9. Dec. 33.

[...] Ich werfe mich mit aller Gewalt in die Philosophie, die Kunstsprache ist abscheulich, ich meine für menschliche Dinge müsse man auch menschliche Ausdrücke finden; doch das stört mich nicht, ich lache über meine Narrheit und meine es gäbe im Grund genommen doch nichts als taube Nüsse zu knacken. Man muß aber unter der Sonne doch auf irgend einem Esel reiten und so sattle ich in Gottes Namen den meinigen; für's Futter ist mir nicht bang, an Distelköpfen wird's nicht fehlen, so lang die Buchdruckerkunst nicht verloren geht. [...]
Die politischen Verhältnisse könnten mich rasend machen. Das arme Volk schleppt geduldig den Karren, worauf die Fürsten und Liberalen ihre Affenkomödie spielen. Ich bete jeden Abend zum Hanf und zu d. Laternen. [...]

Dokument 15

Brief Büchners an Wilhelmine Jaeglé:

[Gießen, gegen Ende Januar 1834.]

[...] Ich studirte die Geschichte der Revolution. Ich fühlte mich wie zernichtet unter dem gräßlichen Fatalismus der Geschichte. Ich finde in der Menschennatur eine entsetzliche Gleichheit, in den menschlichen Verhältnissen eine unabwendbare Gewalt, Allen und Keinem verliehen. Der Einzelne nur Schaum auf der Welle, die Größe ein bloßer Zufall, die Herrschaft des Genies ein Puppenspiel, ein lächerliches Ringen gegen ein ehernes Gesetz, es zu erkennen das Höchste, es zu beherrschen unmöglich. Es fällt mir nicht mehr ein, vor den Paradegäulen und Eckstehern der Geschichte mich zu bücken. Ich gewöhnte mein Auge ans Blut. Aber ich bin kein Guillotinenmesser. Das muß ist eins von den Verdammungsworten, womit der Mensch getauft worden. Der Ausspruch: es muß ja Aergerniß kommen, aber wehe dem, durch den es kommt, – ist schauderhaft. Was ist das, was in uns lügt, mordet, stiehlt? Ich mag dem Gedanken nicht weiter nachgehen. [...]

Dokument 16

Brief Büchners an die Eltern:

Gießen, [nach Mitte] Februar 1834.

[...] Ich verachte Niemanden, am wenigsten wegen seines Verstandes oder seiner Bildung, weil es in Niemands Gewalt liegt, kein Dummkopf oder kein Verbrecher zu werden, – weil wir durch gleiche Umstände wohl Alle gleich würden, und weil die Umstände außer uns liegen. Der Verstand nun gar ist nur eine sehr geringe Seite unsers geistigen Wesens und die Bildung nur eine sehr zufällige Form desselben. Wer mir eine solche Verachtung vorwirft, behauptet, daß ich einen Menschen mit Füßen träte, weil er einen schlechten Rock anhätte. Es heißt dieß, eine Roheit, die man Einem im Körperlichen nimmer zutrauen würde, ins Geistige übertragen, wo sie noch gemeiner ist. Ich kann Jemanden einen Dummkopf nennen, ohne ihn deßhalb zu verachten; die Dummheit gehört zu den allgemeinen Eigenschaften der menschlichen Dinge; für ihre Existenz kann ich nichts, es kann mir aber Niemand wehren, Alles, was existirt, bei seinem Namen zu nennen und dem, was mir unangenehm ist, aus dem Wege zu gehn. Jemanden kränken, ist eine Grausamkeit, ihn aber zu suchen oder zu meiden, bleibt meinem Gutdünken überlassen. Daher erklärt sich mein Betragen gegen alte Bekannte; ich kränkte Keinen und sparte mir viel Langeweile; halten sie mich für hochmüthig, wenn ich an ihren Vergnügungen oder Beschäftigungen keinen Geschmack finde, so ist es eine Ungerechtigkeit; mir würde es nie einfallen, einem Andern aus dem nämlichen Grunde einen ähnlichen Vorwurf zu machen. Man nennt mich einen Spötter. Es ist wahr, ich lache oft, aber ich lache nicht darüber, wie Jemand ein Mensch, sondern nur darüber, daß er ein Mensch ist, wofür er ohnehin nichts kann, und lache dabei über mich selbst, der ich sein Schicksal theile. Die Leute nennen das Spott, sie vertragen es nicht, daß man sich als Narr producirt und sie dutzt; sie sind Verächter, Spötter und Hochmüthige, weil sie die Narrheit nur außer sich suchen. Ich habe freilich noch eine Art von Spott, es ist aber nicht der der Verachtung, sondern der des Hasses. Der Haß ist so gut erlaubt als die Liebe, und ich hege ihn im vollsten Maße gegen die, welche verachten. Es ist deren eine große Zahl, die im Besitze einer lächerlichen Aeußerlichkeit, die man Bildung, oder eines todten Krams, den man Gelehrsamkeit heißt, die große Masse ihrer Brüder ihrem verachtenden Egoismus opfern. Der Aristocratismus ist die schändlichste Verachtung des heiligen Geistes im Menschen; gegen ihn kehre ich seine eigenen Waffen; Hochmuth gegen Hochmuth, Spott gegen Spott. – Ihr würdet euch besser bei meinem Stiefelputzer nach mir umsehn; mein Hochmuth und Verachtung Geistesarmer und Ungelehrter fände dort wohl ihr bestes Object. Ich bitte, fragt ihn einmal ... Die Lächerlichkeit des Herablassens werdet Ihr mir doch wohl nicht zutrauen. Ich hoffe noch immer, daß ich leidenden, gedrückten Gestalten mehr mitleidige Blicke zugeworfen, als kalten, vornehmen Herzen bittere Worte gesagt habe. – [...]

Dokument 17

Brief Büchners an Karl Gutzkow:

[Darmstadt, vor oder am 21. Februar 1835.]

Mein Herr!
Vielleicht hat es Ihnen die Beobachtung, vielleicht, im unglücklicheren Fall, die eigne Erfahrung schon gesagt, daß es einen Grad von Elend gibt, welcher jede Rücksicht vergessen und jedes Gefühl verstummen macht. Es gibt zwar Leute, welche behaupten, man solle sich in einem solchen Falle lieber zur Welt hinaushungern, aber ich könnte die Widerlegung in einem seit Kurzem erblindeten Hauptmann von der Gasse aufgreifen, welcher erklärt, er würde sich todtschießen, wenn er nicht gezwungen sei, seiner Familie durch sein Leben seine Besoldung zu erhalten. Das ist entsetzlich. Sie werden wohl einsehen, daß es ähnliche Verhältnisse geben kann, die Einen verhindern, seinen Leib zum Nothanker zu machen, um ihn von dem Wrack dieser Welt in das Wasser zu werfen, und werden sich also nicht wundern, wie ich Ihre Thüre aufreiße, in Ihr Zimmer trete, Ihnen ein Manuscript auf die Brust setze und ein Allmosen abfordere. Ich bitte Sie nämlich, das Manuscript so schnell als möglich zu durchlesen, es, im Fall Ihnen Ihr Gewissen als Kritiker dieß erlauben sollte, dem Herrn S[auerländer] zu empfehlen und sogleich zu antworten.
Ueber das Werk selbst kann ich Ihnen nichts weiter sagen, als daß unglückliche Verhältnisse mich zwangen, es in höchstens fünf Wochen zu schreiben. Ich sage dieß, um Ihr Urtheil über den Verfasser, nicht über das Drama an und für sich, zu motiviren. Was ich daraus machen soll, weiß ich selbst nicht, nur das weiß ich, daß ich alle Ursache habe, der Geschichte gegenüber roth zu werden; doch tröste ich mich mit dem Gedanken, daß, Shakespeare ausgenommen, alle Dichter vor ihr und der Natur wie Schulknaben dastehen.

Ich wiederhole meine Bitte um schnelle Antwort; im Falle eines günstigen Erfolgs können einige Zeilen von Ihrer Hand, wenn sie noch vor nächstem Mittwoch hier eintreffen, einen Unglücklichen vor einer sehr traurigen Lage bewahren.
Sollte Sie vielleicht der Ton dieses Briefes befremden, so bedenken Sie, daß es mir leichter fällt, in Lumpen zu betteln, als im Frack eine Supplik zu überreichen und fast leichter, die Pistole in der Hand: la bourse ou la vie! zu sagen, als mit bebenden Lippen ein: Gott lohn' es! zu flüstern.

G. Büchner.

Dokument 18

Brief Büchners an die Eltern:

Straßburg, den 5. Mai 1835.

[...] Daß Mehreres aus meinem Drama im Phönix erschienen ist, hatte ich durch ihn [d. i. Karl Gutzkow] erfahren, er versicherte mich auch, daß das Blatt viel Ehre damit eingelegt habe. Das Ganze muß bald erscheinen. Im Fall es euch zu Gesicht kommt, bitte ich euch, bei eurer Beurtheilung vorerst zu bedenken, daß ich der Geschichte treu bleiben und die Männer der Revolution geben mußte, wie sie waren, blutig, liederlich, energisch und cynisch. Ich betrachte mein Drama wie ein geschichtliches Gemälde, das seinem Original gleichen muß. [...]

Dokument 19

Brief Büchners an die Eltern:

Straßburg, 28. Juli 1835.

[...] Ueber mein Drama muß ich einige Worte sagen: erst muß ich bemerken, daß die Erlaubniß, einige Aenderungen machen zu dürfen, allzusehr benutzt worden ist. Fast auf jeder Seite weggelassen, zugesetzt, und fast immer auf die dem Ganzen nachtheiligste Weise. Manchmal ist der Sinn ganz entstellt oder ganz und gar weg, und fast platter Unsinn steht an der Stelle. Außerdem wimmelt das Buch von den abscheulichsten Druckfehlern. Man hatte mir keinen Correcturbogen zugeschickt. Der Titel ist abgeschmackt, und mein Name steht darauf, was ich ausdrücklich verboten hatte; er steht außerdem nicht auf dem Titel meines Manuscripts. Außerdem hat mir der Corrector einige Gemeinheiten in den Mund gelegt, die ich in meinem Leben nicht gesagt haben würde. Gutzkow's glänzende Kritiken habe ich gelesen und zu meiner Freude dabei bemerkt, daß ich keine Anlagen zur Eitelkeit habe. Was übrigens die sogenannte Unsittlichkeit meines Buchs angeht, so habe ich Folgendes zu antworten: der dramatische Dichter ist in meinen Augen nichts, als ein Geschichtschreiber, steht aber über Letzterem dadurch, daß er uns die Geschichte zum zweiten Mal erschafft und uns gleich unmittelbar, statt eine trockne Erzählung zu geben, in das Leben einer Zeit hinein versetzt, uns statt Charakteristiken Charaktere, und statt Beschreibungen Gestalten gibt. Seine höchste Aufgabe ist, der Geschichte, wie sie sich wirklich begeben, so nahe als möglich zu kommen. Sein Buch darf weder sittlicher noch unsittlicher sein, als die Geschichte selbst; aber die Geschichte ist vom lieben Herrgott nicht zu einer Lectüre für junge Frauenzimmer geschaffen worden, und da ist es mir auch nicht übel zu nehmen, wenn mein Drama ebensowenig dazu geeignet ist. Ich kann doch aus einem Danton und den Banditen der Revolution nicht Tugendhelden machen! Wenn ich ihre Liederlichkeit schildern wollte, so mußte ich sie eben liederlich sein, wenn ich ihre Gottlosigkeit zeigen wollte, so mußte ich sie eben wie Atheisten sprechen lassen. Wenn einige unanständige Ausdrücke vorkommen, so denke man an die weltbekannte, obscöne Sprache der damaligen Zeit, wovon das, was ich meine Leute sagen lasse, nur ein schwacher Abriß ist. Man könnte mir nur noch vorwerfen, daß ich einen solchen Stoff gewählt hätte. Aber der Einwurf ist längst widerlegt. Wollte man ihn gelten lassen, so müßten die größten Meisterwerke der Poesie verworfen werden. Der Dichter ist kein Lehrer der Moral, er erfindet und schafft Gestalten, er macht vergangene Zeiten wieder aufleben, und die Leute mögen dann daraus lernen, so gut, wie aus dem Studium der Geschichte und der Beobachtung dessen, was im menschlichen Leben um sie herum vorgeht. Wenn man s o wollte, dürfte man keine Geschichte studiren, weil sehr viele unmoralische Dinge darin erzählt werden, müßte mit verbundenen Augen über die Gasse gehen, weil man sonst Unanständigkeiten sehen könnte, und müßte über einen Gott Zeter schreien, der eine Welt erschaffen, worauf so viele Liederlichkeiten vorfallen. Wenn man mir übrigens noch sagen wollte, der Dichter müsse die Welt nicht zeigen wie sie ist, sondern wie sie sein solle, so antworte ich, daß ich es nicht besser machen will, als der liebe Gott, der die Welt gewiß gemacht hat, wie sie sein soll. Was noch die sogenannten Idealdichter anbetrifft, so finde ich, daß sie fast nichts als Marionetten mit himmelblauen Nasen und affectirtem Pathos, aber nicht Menschen von Fleisch und Blut gegeben haben, deren Leid und Freude mich mitempfinden macht, und deren Thun und Handeln mir Abscheu oder Bewunderung einflößt. Mit einem Wort, ich halte viel auf Goethe und Shakespeare, aber sehr wenig auf Schiller. Daß übrigens noch die ungünstigsten

Kritiken erscheinen werden, versteht sich von selbst; denn die Regierungen müssen doch durch ihre bezahlten Schreiber beweisen lassen, daß ihre Gegner Dummköpfe oder unsittliche Menschen sind. Ich halte übrigens mein Werk keineswegs für vollkommen, und werde jede wahrhaft ästhetische Kritik mit Dank annehmen. –
[...]

Dokument 20

Brief Büchners an Karl Gutzkow:

[Straßburg, September oder Oktober 1835.]

[...] das Verhältniß zwischen Armen und Reichen ist das einzige revolutionäre Element in der Welt, der Hunger allein kann die Freiheitsgöttin und nur ein Moses, der uns die sieben ägyptischen Plagen auf den Hals schickte, könnte ein Messias werden. Mästen Sie die Bauern, und die Revolution bekommt die Apoplexie. Ein H u h n im Topf jedes Bauern macht den gallischen H a h n verenden.
[...]

Dokument 21

Brief Büchners an die Eltern:

Straßburg, den 1. Januar 1836.

[...] Uebrigens gehöre ich f ü r m e i n e P e r s o n keineswegs zu dem sogenannten J u n g e n D e u t s c h l a n d, der literarischen Partei Gutzkow's und Heine's. Nur ein völliges Mißkennen unserer gesellschaftlichen Verhältnisse konnte die Leute glauben machen, daß durch die Tagesliteratur eine völlige Umgestaltung unserer religiösen und gesellschaftlichen Ideen möglich sei. Auch theile ich k e ineswegs ihre Meinung über die Ehe und das Christenthum, aber ich ärgere mich doch, wenn Leute, die in der Praxis tausendfältig mehr gesündigt, als diese in der Theorie, gleich moralische Gesichter ziehn und den Stein auf ein jugendliches, tüchtiges Talent werfen. Ich gehe meinen Weg für mich und bleibe auf dem Felde des Drama's, das mit all diesen Streitfragen nichts zu thun hat; ich zeichne meine Charaktere, wie ich sie der Natur und der Geschichte angemessen halte, und lache über die Leute, welche mich für die Moralität oder Immoralität derselben verantwortlich machen wollen. Ich habe darüber meine eignen Gedanken. [...]

Dokument 22

Brief Büchners an Karl Gutzkow:

Straßburg. [Vermutlich 31. Mai oder 1. Juni 1836.]

[...] Uebrigens; um aufrichtig zu sein, Sie und Ihre Freunde scheinen mir nicht grade den klügsten Weg gegangen zu sein. Die Gesellschaft mittelst der Idee, von der gebildeten Klasse aus reformiren? Unmöglich! Unsere Zeit ist rein materiell, wären Sie je directer politisch zu Werke gegangen, so wären Sie bald auf den Punkt gekommen, wo die Reform von selbst aufgehört hätte. Sie werden nie über den Riß zwischen der gebildeten und ungebildeten Gesellschaft hinauskommen.
Ich habe mich überzeugt, die gebildete und wohlhabende Minorität, so viel Concessionen sie auch von der Gewalt für sich begehrt, wird nie ihr spitzes Verhältniß zur großen Klasse aufgeben wollen. Und die große Klasse selbst? Für die gibt es nur zwei Hebel, materielles Elend und religiöser Fanatismus. Jede Parthei, welche diese Hebel anzusetzen versteht, wird siegen. Unsre Zeit braucht Eisen und Brod – und dann ein Kreuz oder sonst so

was. Ich glaube, man muß in socialen Dingen von einem absoluten Rechtsgrundsatz ausgehen, die Bildung eines neuen geistigen Lebens im Volk suchen und die abgelebte moderne Gesellschaft zum Teufel gehen lassen. Zu was soll ein Ding, wie diese, zwischen Himmel und Erde herumlaufen? Das ganze Leben desselben besteht nur in Versuchen, sich die entsetzlichste Langeweile zu vertreiben. Sie mag aussterben, das ist das einzig Neue, was sie noch erleben kann. […]

VI. Dokumente zur Wirkungsgeschichte

Dokument 23

Karl Gutzkow:

Wer so sehr an der Fähigkeit der Deutschen, sich mit Geist, Grazie, kurz mit Styl auszudrücken, verzweifeln muß, wie der Herausgeber einer kritischen Revüe der täglich aufwuchernden literarischen Erscheinungen, muß bei der Beurtheilung eines Buches, wie Danton's Tod von Büchner ist, eine Freude empfinden, die viel zu nüancirt und zusammengesetzt ist, als daß ich sie hier ganz wiedergeben könnte. In Bildern und Antithesen blitzt hier alles von Witz, Geist und Eleganz. Keine verrenkten Gedanken strecken ihre lange Gestalt gen Himmel und schlottern wie gespenstische Vogelscheuchen am Winde hin und her. Keine ungebornen Embryone stehen in Spiritusgläsern um uns herum und beleidigen das Auge durch ihre Unschönheit, sie mögen auf noch so tiefe Entdeckungen zu deuten scheinen. Es ist Alles ganz, fertig, abgerundet. Staub und Schutt, das Atelier des Geistes sieht man nicht. Ich wüßte nicht, worin anders das Kennzeichen eines literarischen Genies besteht. Als ein solches muß man Georg Büchner mit seiner Ideenfülle, seiner erhabenen Auffassung, mit seinem Witz und Humor begrüßen. Was ist Immermanns monotone Jambenclassicität, was ist Grabbe's wahnwitzige Mischung des Trivialen mit dem Regellosen gegen diesen jugendlichen Genius!
Ich bin stolz darauf, der Erste gewesen zu sein, der im literarischen Verkehr und Gespräch den Namen Georg Büchner's genannt hat.

Karl Gutzkow: Danton's Tod, von Georg Büchner. In: Phönix. Literatur-Blatt Nro 27. 11. Juli 1835. S. 646.

Dokument 24

Felix Frei [Pseudonym]:

Die Abendzeitung hat die Freude, eben so wohl von Mädchen und Frauen als von Jünglingen und Männern gelesen zu werden, und selbst das freierzogenste Mädchen und die erfahrenste Frau, so wie der noch unverdorbene Jüngling würden die Augen wegwenden von dem, was in diesem Werke [d. i. »Dantons Tod«] des »Genies«, in diesem Blitzstrahle »der Eleganz« fast auf jeder Seite ihnen vorgeführt wird. Ich könnte daher meine Kritik, die ich nothwendig mit Stellen belegen müßte, nur für Männer schreiben, die kaltes Blut genug hätten, um hier als bloße Beurtheiler aufzutreten, ob sie es gleich allerdings wieder verlieren müßten, wenn sie Sitte und Würde der Literatur so verletzt sähen. Aber was würde dann aus diesem Bogen der literarischen Notizblätter werden [...]? Eine Musterkarte von Anstößigkeiten; ein Blatt, das aus einem jener Bücher herausgerissen schien, welche jede gute Staatspolizei nie öffentlich auslegen läßt [...]; ein Brandmal für deutsche Literatur, das ihr treuer Verehrer wenigstens nicht selbst ihr aufprägen will. Unbewiesen kann ich aber doch meine schwere Beschuldigung nicht lassen, und so genüge es denn [...], nur die Seitenzahlen zu nennen, wo diese Auswüchse der Unsittlichkeit, diese Pestbeulen der Frechheit, die jetzt nur zu sehr in unserer schönen Literatur für Genialität angesehen wird, sich vorfinden. Das Werk fängt aber gleich in der ersten Rede Danton's damit an und spielt in dem Vorhalten von Coeur und Carreau gleich in jene schmuzige Farbe hinüber. Seite 7 u. 8 drückt man sich noch deutlicher aus. Vollkräftig ist aber die Scene S. 13f., besonders S. 16. S. 32 stimmt das Gespräch zwischen Marion und Danton schon den Ton an, in welchen alsdann S. 36f. die leichten Mädchen Adelaide und Rosalie vortrefflich einstimmen. Der Spaziergang S. 60 gibt wieder

sehr Schönes, besonders ein Liedchen, zu hören, das aus einem weiblichen Munde der Inbegriff aller Indecenz ist. [...]
Man wird mir aber vorwerfen, daß ich auf diese Art nur die eine Seite dieses Werkes beleuchtet habe, und es vielleicht immer noch, von anderen aus betrachtet, ein Meisterstück seyn könne. Ich leugne dieß und zwar geradezu, denn nur das Sittliche kann auch schön seyn, das Unsittliche bleibt stets unschön, weil es der höheren Menschennatur uns entfremdet, uns zum Thiere herabwürdigt.

Felix Frei: [Rezension von *Dantons Tod*.] In: Literarisches Notizenblatt [Beilage zur (Dresdner) Abendzeitung]. 28. Okt. 1835. Zit. nach: Georg Büchner. Leben, Werk, Zeit. Katalog [zur] Ausstellung zum 150. Jahrestag des *Hessischen Landboten*. Unter Mitw. von Bettina Bischoff, Burghard Dedner [u. a.] bearb. von Thomas Michael Mayer. 3. Aufl. Marburg: Jonas, 1987. S. 200 f.

Dokument 25

Karl Emil Franzos:

[»Dantons Tod«] ist eines der genialsten Werke unserer Literatur und vielleicht nächst den »Räubern« das merkwürdigste. In Einem ist es vielleicht einzig: in der Charakteristik der Zeit. So hat kein anderer deutscher Dichter – selbst Grabbe in den »Hundert Tagen« nicht – ein Stück begrabener Geschichte aus dem Grabe erlöst und lebendig wieder hingestellt. Das ist nicht blos die Frucht feinfühliger Vertiefung: eine gelungene Nachahmung – das ist eine Wiederschaffung, das ist das Leben selbst. Eine bessere Geschichte jener Zeit kann nie geschrieben werden, als es diese Dichtung ist. Die fürchterliche Zeit, da die Republik wie Saturn die eigenen Kinder fraß; da die Parole galt: »Ein Jacobiner stirbt nicht für die Freiheit, er tödtet für sie«; da sich der Widerstreit zwischen Danton und Robespierre, im Grunde nur derselbe Streit zwischen derber Lebenslust und ascetischem Fanatismus, der durch alle Menschengeschicke geht, blutig entschied – diese fürchterliche Zeit in all ihrer Schreckhaftigkeit und Erhabenheit lebt in diesen Blättern und wird leben, so lange sie nicht verwehen.

Daß die Charakteristik der einzelnen Personen von unsäglicher Lebenswahrheit ist, daß das Erstlingswerk des jungen Deutschen in diesem Einen Punkte sich neben ein Werk Shak[e]speare's stellen darf, wird freudig anerkannt oder doch seufzend zugegeben, je nach dem ästhetischen Standpunkte. »Ach!« hört man klagen, »sie sind so entsetzlich wahr gezeichnet, diese fürchterlichen Menschen voll Grausamkeit und Lüsternheit; diese unverschleierte Wahrheit hinterläßt trostlosen Eindruck.« Darauf wäre zu sagen: »Wer nicht die Sonne verträgt, soll sein schwaches Auge davor schützen, aber schelten darf er sie nicht, daß sie scheint.« Uebrigens dürfte solchen Empfindsamen das Leben ebenso wehe thun, wie jenes Drama. Denn Büchner zeichnet eben Menschen, keinen knetet er aus Koth, keinen aus Sternen, sondern aus Beidem; Jeder hat sein Päckchen Laster und Tugenden, bald von dem einen mehr, bald von dem andern, keine seiner Figuren ist ein Engel oder Teufel, sondern jede ein Mensch. Einen rosenrothen Traum in Frauenkleidern oder eine Abstraction in Reiterstiefeln entdeckt man da freilich nicht. Alles hat Fleisch und Blut und lebt und liebt, sündigt und mordet, oder erhebt sich zu Thaten höchsten Adels, Jedes in seiner Art und seiner Sprache. [...]

Das sind die Vorzüge des Werkes, in welchem sich wol auch bisher am schärfsten und rücksichtslosesten das Kunstprincip des Realismus ausgesprochen hat.

Karl Emil Franzos: Georg Büchner. Zum Tage der Enthüllung seines Denkmals auf dem Zürichberge. In: Neue Freie Presse. Wien. 4. Juli 1875. S. 3f.

Dokument 26

Gottfried Keller:

Hast Du den Band »Werke von Georg Büchner« schon angesehen? Dieser germanische Idealjüngling, der übrigens in Frieden ruhen möge, weist denn doch in dem sogenannten Trauerspielfragment »Wozzek« eine Art von Realistik auf, die den Zola und seine »Nana« *jedenfalls* überbietet, nicht zu reden von dem nun vollständig erschienenen »Danton«, der von Unmöglichkeiten strotzt. Und dennoch ist vielleicht diese Frechheit das einzig sichere Symptom von der Genialität des so jung Verstorbenen, denn das Übrige ist ja fast alles nur Reminiszenz oder Nachahmung [...].

Brief Gottfried Kellers an Paul Heyse, 29. März 1880. In: G. K.: Sämtliche Werke und ausgewählte Briefe. Bd. 3. Hrsg. von Clemens Heselhaus. 2. Aufl. München: Hanser, 1963. S. 1240.

Dokument 27

Alfred Döblin:

Dieser Büchner war ein toller Hund. Nach kaum dreiundzwanzig oder vierundzwanzig Jahren verzichtete er auf weitere Existenz und starb. Es scheint, die Sache war ihm zu dumm. Das war damals eine Epoche finsterster und dumpfester Reaktion, in die er hineingeboren wurde. So finster, daß sie sogar in Deutschland auffällig war. Druck erzeugt Gegendruck. Man kann die Stärke des Drucks an der Stärke des Gegendrucks ermessen. Büchner, das war ein Revolutionär vom reinsten Wasser. Er mußte aus Hessen, wo er hetzende Flugblätter, fanatische Aufrufe verfaßt hatte, fliehen. Er soll seine dramatischen Werke zum Teil auf der Flucht und unter der drohenden Gefahr der Verhaftung geschrieben haben. Eine bessere Sternkonstellation für seine Werke kann ein Revolutionär nicht finden. Dann verfaßte er eine Arbeit über die Gehirnnerven der Fische und kam damit als Dozent nach Zürich. Womit der Vorfall beendet ist. Diese gutgeschnittene Ecke Georg Büchner gibt in diesen Wochen den Berliner Theaterkaufleuten zwei Stücke her. Das eine heißt »Leonce und Lena«. Ein leichtes, feines Lustspiel, im Schauspielhaus wird es hinter romantisch gerafften Gardinen leicht gespielt. Es kennzeichnet seinen Autor wenig. [...] Aber »Dantons Tod«. Da haben wir ihn. Das ist er. Und nicht nur er, sondern auch seine Zeit und seine Umwelt. [...] In vierzehn Szenen wird das Zugrundegehen des noblen, skeptischen, weltschmerzlerischen, weltüberdrüssigen Danton, des Revolutionshelden von gestern, unter dem Revolutionshelden Robespierre geschildert. Die Diktatur des Proletariats siegt über die Feinheit und die Weite einer Seele. Und da haben wir Büchner. Haben ihn im Pessimismus, in den rollenden Tiraden, hören die Nähe Lord Byrons und die Skepsis Heinrich Heines.

Alfred Döblin: Deutsches und jüdisches Theater. In: Prager Tagblatt, 28. Dez. 1921. Zit. nach: A. D.: Kleine Schriften. Bd. 1. Hrsg. von Antony W. Riley. Olten / Freiburg i. Br.: Walter, 1985. S. 363f. –

Dokument 28

Adam Kuckhoff:

[S]ieht man den »Danton« als politisches Drama, so ist er nicht nur nicht revolutionär, sondern geradezu gegenrevolutionär. Sein Autor würde zuzeiten des Wohlfahrtsausschusses um dieses Dramas willen ebenso sicher der Guillotine verfallen sein als sein Held. Ein Drama also des »Defaitismus«? Vielleicht aus dem kümmerlichen Anlaß so gestaltet, daß seinem Autor eigene revolutionäre Betätigung kläglich mißglückt war? In der Tat war der Zeitpunkt, in dem Büchner das Werk schrieb, aus seinen äußeren Schicksalen und der Gemütsstimmung, in das es ihn versetzen mußte, wenig geeignet, zu einer revolutionären Hymne […], aber es hieße doch zu klein von dem Dichter denken, der ein Jahr später den »Woyzeck« schrieb, wenn man auf eine Dichtung vom Range von »Dantons Tod« Augenblicksstimmungen wesentlich einwirken ließe. Der Zusammenhang ist ein anderer: Der Politiker Büchner hatte ein revolutionäres Drama schreiben wollen, der Mensch und Dichter Büchner kam ihm – ein nicht eben seltener Fall in der Literaturgeschichte – dazwischen und lenkte den revolutionären Stoff herrisch in der Richtung eines allumfassenden Weltanschauungsdramas. Man hat in »Dantons Tod« Züge und Erlebnisanklänge Büchners gefunden. Die Wahrheit geht viel weiter: Büchner ist mit seinem Danton in der inneren Gestalt völlig gleichzusetzen. Dieses scheinbar realistische und objektive Drama gehört zu den subjektiven Bekenntnisdichtungen unserer Literatur wie nur eine. Ihr Autor bemüht nicht weniger als eine Epoche der französischen Revolution, um nur sich und seine Überzeugungen von Menschheit, Natur, Geschichte, Gott, Tod und Leben auszusprechen.

In: [Georg] Büchner: Werke. Eingel. und hrsg. von Dr. Adam Kuckhoff. Berlin: Volksbühnen-Verlag, 1927. S. 8.

Dokument 29

Georg Lukács:

In den dreißiger Jahren gibt es nur einen, in seinem kurzen Leben literarisch mächtigen, meteorartig auftauchenden und verschwindenden Schriftsteller, der wirklich auf der Höhe der Epoche stand: Georg Büchner. Sein »Dantons Tod« ist nicht nur das bedeutendste Drama der Zeit, sondern der einzige große Schritt, den die deutsche Dramatik seit Goethe und Schiller getan hat. Bei ihnen ist das moderne historische Drama entstanden. Büchners Realismus geht jedoch über das ihrige hinaus. Der Verzicht auf Schönheit – das Heraustreten aus der »Kunstperiode« –, das entschiedenere Shakespearisieren ist nur die äußerliche Seite; Büchner gelingt es vor allem, in der tragischen Gegenüberstellung Dantons und der Revolution all ihre Größe, ihre Schwächen und Begrenztheiten rein dramatisch zu gestalten, in Charaktere und Situationen umzusetzen. Von der sozialen bis zur weltanschaulichen Problematik der größten demokratischen Revolution ist hier alles in Handlung gegossen. Büchner, der diese Fragen in ihrer ganzen theoretischen und praktischen Tragweite in der kurzen Zeit seiner illegalen hessischen Propaganda erlebte, hat das größte künstlerische Vorbereitungswerk zur Rüstung der deutschen Intelligenz in dieser Gärungszeit geschaffen. Es ist für die ideologische Entwicklung Deutschlands bezeichnend, daß dieses Drama und die anderen ebenfalls bedeutenden Werke Büchners sehr selten ihrem wahren Gehalt nach gewürdigt wurden, obwohl sie rasch bekannt wurden; die tiefschürfende Selbstkritik der demokratischen Revolution wurde sogar mehr als einmal direkt gegenrevolutionär gedeutet. Das Unverständnis für die kritische Tiefe Heines und Büchners ist ebenso ein Symptom der literarischen und politischen Unreife Deutschlands in der Vorbereitungszeit der demokratischen Revolution wie die Flachheit und Gehaltlosigkeit des »Jungen Deutschlands«.

Georg Lukács: Fortschritt und Reaktion in der deutschen Literatur. [1945.] Zit. nach: G. L.: Skizze einer Geschichte der neueren deutschen Literatur. Berlin: Aufbau-Verlag, 1953. S. 65 f.

Dokument 30

Elias Canetti:

[Georg Büchner] gründet die »Gesellschaft der Menschenrechte«, die Zeit der Verschwörung beginnt und damit beginnt sein Doppelleben.
Es läßt sich zeigen, in welcher Form sich dieses Doppelleben nach dem Scheitern seiner Aktion fortsetzt, wie fruchtbar es wird, wie man ihm seine Werke verdankt, wie es in seinen »Lenz« und sogar noch in den »Woyzeck« mündet. So wie er die Weite der französischen Zustände, die er in Straßburg erlebt, in die Heimat trägt, in die Enge, so nimmt er das Engste, das Gefängnis, das ihm droht, auf der Flucht aus der Heimat nach Straßburg mit und erhält die Angst davor noch wach in sich, als es ihm gelungen ist, das Züricher Paradies zu erreichen.
Büchners Angst, die ihn nie mehr verließ, hat darum einen besonderen Charakter, weil es die eines Menschen ist, der aktiv gegen die Gefahr gekämpft hat. Sein dreistes Verhalten vor dem Untersuchungsrichter, seine Bemühungen, den Freund Minnigerode aus dem Gefängnis zu befreien, das Vorschieben seines Bruders Wilhelm, als er zur Untersuchung zitiert wird, sein Brief an Gutzkow, schließlich die gelungene Flucht – alles beweist einen kraftvollen Charakter, der seine Situation vollkommen erkennt und sich ihr nicht ergibt.
Aber man sieht die Sache zu einfach, läßt man den »Danton« außer acht, den er im Monat der Vorbereitung zu seiner Flucht zu Papier warf. Auch Danton ist wohl imstande, seine Situation zu erkennen: in seinem Gespräch mit Robespierre tut er sogar sein Bestes dazu, sie zu verschlechtern. Er will sie irreparabel, er will sie akut; aber wenn es darum geht, einen Entschluß zur Rettung oder zur Flucht zu fassen, *lähmt* er sich mit einem Satz, der häufig wiederkehrt: »Sie werden's nicht wagen.« Es ist der Satz im Stück, der am obsessivsten wirkt; schon beim ersten Mal weckt er

im Leser ein Unbehagen, und schließlich, nach einigen Wiederholungen, empfindet er ihn, wie man ein Schlagwort der Revolution empfinden möchte, aber mit umgekehrtem Vorzeichen. Er verrät den eigentlichen Gegenstand des Stücks, nämlich: soll man sich retten? Danton will *bleiben*: es ist eine Beharrungslust in ihm, die stärker ist als die Gefahr. »Eigentlich muß ich über die ganze Geschichte lachen«, sagt er. »Es ist ein Gefühl des Bleibens in mir, was mir sagt, es wird morgen sein wie heute, und übermorgen und weiter hinaus ist alles wie eben. Das ist leerer Lärm, man will mich schrecken, sie werden's nicht wagen!«
Die Figur dieses Mannes, der sich nicht retten will, muß Büchner aufstellen, um sich selbst zu retten. Es handelt sich um seine eigene Gefahr, Conciergerie und Arresthaus zu Darmstadt sind eins. Er schreibt im Fieber, er hat keine Wahl, er kann sich keine Ruhe gönnen, bis er nicht den Danton unter der Guillotine hat. Das sagt er zu Wilhelm, dem jüngeren Bruder, dem nächsten Vertrauten dieser Wochen, und er sagt ihm auch, daß er flüchten müsse. Aber verschiedene Gründe halten ihn noch zurück: der Gedanke an das Zerwürfnis mit dem Vater, die Sorge um die in Gefangenschaft befindlichen Freunde, der Glaube, man könnte nicht an ihn heran, und der Mangel an Geld. ›Der Glaube, man könnte nicht an ihn heran‹, – in Dantons Mund lautet das: »Sie werden's nicht wagen!« Durch diesen Satz Dantons sucht Büchner sich von seiner eigenen Lähmung zu befreien, er stachelt ihn dazu an, ihm entgegenzuhandeln. Es scheint mir unzweifelhaft, daß Büchner das Schicksal Dantons akzeptiert, es wie unter Zwang nachvollzieht, um seinem eigenen zu entkommen.

Elias Canetti: Rede zur Verleihung des Georg-Büchner-Preises 1972. Zit. nach: Büchner-Preis-Reden. 1972–1983. Mit einem Vorwort von Herbert Heckmann. Stuttgart: Reclam, 1984. S. 23 f.

Dokument 31

Volker Braun:

Es ist die Schärfe seiner Fragen, die Georg Büchner von uns allen trennt: und das entschlossene Zögern mit Antworten. Er läßt kein entwaffnendes Argument aus: *Es wurde ein Fehler gemacht, wie wir geschaffen worden, es fehlt uns was, ich habe keinen Namen dafür, wir werden es uns einander nicht aus den Eingeweiden herauswühlen, was sollen wir uns drum die Leiber aufbrechen?* Und bringt bestürzende Anträge ein: *Wir müssen schreien ... nichts dümmer als die Lippen zusammenzupressen, wenn einem was weh tut.* Es war der Moment der Krise des bürgerlichen Vorwärtsdenkens angesichts der Gewalt und Schmerzen des Epochengangs. Niemand hat die Desillusionierung härter ausgesprochen; sie ist das radikale Salz, nachdem ein Welt und Mensch umfassender Sinn verdampft ist. Wir schmecken es, mit Wollust, als Kinder wieder eines Zeitenbruchs.
Vergessen wir nicht, daß es ein Zweiundzwanzigjähriger war, der eben anfing, sich *interessant zu werden*. Seine gefährliche Diktion ist nicht enttäuschte Theorie, sondern eigenste Weltanschauung, mit dem Skalpell und der Analyse erworben, die nicht weniger hart schneidet; es spricht ein Anatom zugleich und Hochverräter. Nicht aus dem Nervensystem der Barben war der Fatalismus gezogen, und nicht eben der Determinismus konnte ihn rasend machen. Der Fehler nämlich, der *gemacht wurde*, ist verwickelterer Natur, als daß ihn ein Philosoph in Königsberg oder ein Zoologe in Zürich bloßgelegt hätte, keine Fakultät hat eine solche Obduktion gewagt. Es mußte einer *wie zernichtet* sein, in einem *socialen* Experiment, das ihn mitten in die hessischen Umtriebe stellte. Die unfeine Frage: *Was ist das, was in uns lügt, mordet, stiehlt?* war auf der Folter gesprochen, eines peinigenderen Interesses, und

verlangte Untersuchung der Reflexe und Affekte der Kreatur u n d der Regungen und Zuckungen des großen Leibs der Gattung. Es bedurfte des Komplotts der Erfahrungen, um an den neuralgischen Punkt zu kommen, wo das materialistische Denken wie die liberale Reform haltmachte. Die Messerschneide war an ein gewaltigeres Präparat gelegt: die Verhältnisse, das schmerzliche Rätsel, in dem Büchner spricht, sucht nach einer doppelten Lösung: der Mensch und die Gesellschaft.

Was er diagnostizierte, war nicht der Zwiespalt von Ideal und Wirklichkeit, bei dem sich die Kunst beruhigte – ihr *Idealismus* die Verachtung der menschlichen Natur; er sah die Risse, die durch die Wirklichkeit selbst gehn. Er mußte, er konnte nur die unaushaltbaren Tatsachen zum Sprechen bringen, ungetröstet von einer erhabenen Idee. Das hieß, *einen Weg für* sein *Inneres* finden, *Alles verzehrt sich in mir selbst*, Mitleid, Empörung; es war nur eine andere Form dieser Forschung und ein andrer Ort des Umsturzes. »Die Geschichtsschreiber – Schiller war Geschichtsschreiber – waren schon fertig, als die Naturbeschreiber und Techniker noch lange nicht fertig waren«, sagte Brecht mit Blick auf Goethe, es gilt erst recht für Büchner, der nach fünfzig Jahren das Blutbad der Französischen Revolution studierte; von seinem raschen *dramatischen Versuch* leitet sich die Reihe der »Versuche« her, die Brechts Johanna in die Schlachthöfe Chicagos führen.

Volker Braun: Die Verhältnisse zerbrechen. Rede zur Verleihung des Georg-Büchner-Preises 2000. Frankfurt a. M.: Suhrkamp, 2000. S. 19–21. –

VII. Literaturverzeichnis

Abgekürzt zitierte Literatur und Siglen

Adelung 1796 J. Chr. Adelung: Auszug aus dem grammatisch-kritischen Wörterbuche der Hochdeutschen Mundart → L 3

Adelung 1811 J. Chr. Adelung: Grammatisch-kritisches Wörterbuch der Hochdeutschen Mundart → L 3

AT Altes Testament → L 2a, Bibel

Brockhaus Allgemeine deutsche Real-Encyklopädie für die gebildeten Stände → L 3

Campe J. H. Campe (Hrsg.): Wörterbuch der Deutschen Sprache → L 3

DHA H. Heine: Historisch-kritische Gesamtausgabe der Werke → L 2b

GB I/II Georg Büchner I/II → L 5

GBJb Georg Büchner Jahrbuch (1981 ff.)

GH Galerie historique des contemporains → L 7

Grimm J. u. W. Grimm: Deutsches Wörterbuch → L 3

GW Büchner: Gesammelte Werke → L 1

HA Büchner: Sämtliche Werke und Briefe (Hamburger Ausgabe) → L 1

Heyse J. Chr. A. Heyse: Kleines Fremdwörterbuch → L 3

Katalog Marburg Georg Büchner. Leben, Werk, Zeit → L 4

MBA Büchner: Sämtliche Werke und Schriften (Marburger Ausgabe) → L 1

Mercier L.-S. Mercier: Le Nouveau Paris → L 7

Nodier, *Dernier banquet* Ch. Nodier: Le dernier banquet des Girondins → L 7

Nodier, *Souvenirs* Ch. Nodier: Souvenirs, épisodes et portraits → L 7

NT Neues Testament → L 2a, Bibel

Proussinalle M. de Proussinalle: Histoire secrète du Tribunal révolutionnaire → L 7

Thiers L. A. Thiers: Histoire de la Révolution française → L 7

UZ/*Unsere Zeit* Die Geschichte Unserer Zeit → L 7

UZ Suppl. H. J. Riouffe: Denkwürdigkeiten eines Gefangenen → L 7

1. Werke Büchners

Danton's Tod. In: Phönix. Frühlings-Zeitung für Deutschland. Frankfurt a. M.: J. D. Sauerländer. Jg. 1835. Nro. 73–77, 79–83; 26.–28., 30. und 31. März, 2.–4., 6. und 7. April.

Danton's Tod. Dramatische Bilder aus Frankreichs Schreckensherrschaft. Frankfurt a. M.: J. D. Sauerländer, 1835.

Nachgelassene Schriften. [Hrsg. und eingel. von Ludwig Büchner.] Frankfurt a. M.: J. D. Sauerländer, 1850.

Sämmtliche Werke und handschriftlicher Nachlaß. Erste kritische Gesammt-Ausgabe. Eingel. und hrsg. von Karl Emil Franzos. Frankfurt a. M.: J. D. Sauerländer, 1879 [recte: 1880].

Sämtliche Werke und Briefe. Auf Grund des handschriftlichen Nachlasses hrsg. von Fritz Bergemann. Leipzig: Insel-Verlag, 1922. – *Ab der zweiten Auflage mehrfach revidiert:*

Werke und Briefe. Hrsg. von Fritz Bergemann. Leipzig: Insel-Verlag, ^{2}1926; ^{3}1940; ^{4}1949; ^{5}1952; ^{6}1956. – *Desgleichen:*

Werke und Briefe. Gesamtausgabe. Hrsg. von Fritz Bergemann. Neue, durchges. Ausg. Wiesbaden: Insel-Verlag, 1958 [u. ö.] / Leipzig: Insel-Verlag, 1968 [u. ö.].

Sämtliche Werke und Briefe. Historisch-kritische Ausgabe mit Kommentar. Hrsg. von Werner R. Lehmann. 2 Bde. [Mehr nicht ersch.] Hamburg: Wegner, 1967 ff. [Neuaufl. ab 1972: München: Hanser.] [Hamburger Ausgabe.]

Dantons Tod. Faksimile der Erstausgabe von 1835 mit Büchners Korrekturen (Darmstädter Exemplar). Mit einem Nachwort hrsg. von Erich Zimmermann. Darmstadt: Hessische Literaturfreunde e. V., 1981. (Hessische Beiträge zur deutschen Literatur.)

Danton's Tod. Entwurf einer Studienausgabe. [Hrsg.] von Thomas Michael Mayer. In: Peter von Becker (Hrsg.): Georg Büchner: Dantons Tod. Kritische Studienausgabe des Originals mit Quellen, Aufsätzen und Materialien. Frankfurt a. M.: Syndikat-Verlag, ^{2}1985. S. 7–74.

Gesammelte Werke. Erstdrucke und Erstausgaben in Faksimiles. 10 Bde. in Kassette. Hrsg. von Thomas Michael Mayer. Frankfurt a. M.: Athenäum-Verlag, 1987.

Werke und Briefe. (Münchner Ausgabe.) Hrsg. von Karl Pörnbacher, Gerhard Schaub, Hans-Joachim Simm und Edda Ziegler. München/Wien: Hanser, 1988.

Schülerschriften. Differenzierte Umschrift von Eske Bockelmann. [Hrsg. von der Forschungsstelle Georg Büchner – Literatur und

Geschichte des Vormärz – am Institut für Neuere deutsche Literatur der Philipps-Universität Marburg.] 4 Bde. (Bd. 4: Wortindex.) Marburg 1989. [Typoskript.]
Sämtliche Werke, Briefe und Dokumente in zwei Bänden. Hrsg. von Henri Poschmann unter Mitarb. von Rosemarie Poschmann. Frankfurt a. M.: Deutscher Klassiker Verlag, 1992 ff. (Bibliothek deutscher Klassiker. 84. 169.)
Woyzeck. Studienausgabe. Nach der Edition von Thomas Michael Mayer hrsg. von Burghard Dedner. Stuttgart: Reclam, 1999. (Reclams Universal-Bibliothek. 18007.)
Sämtliche Werke und Schriften. Historisch-kritische Ausgabe mit Quellendokumentation und Kommentar. (Marburger Ausgabe.) Hrsg. von Burghard Dedner und Thomas Michael Mayer. Darmstadt: Wissenschaftliche Buchgesellschaft, 2000 ff. – *Zitiert werden die Texte Büchners, wo nicht anders nachgewiesen, im Vorgriff auf die jeweiligen Bände dieser Ausgabe.*

2. Werke anderer Autoren

a) Textsammlungen

Die Bibel oder die ganze Heilige Schrift Alten und Neuen Testaments nach der Uebersetzung D. Martin Luthers [...]. Bearb. und hrsg. von Nicolaus Funk. Altona 1815.
Des Knaben Wunderhorn. Alte deutsche Lieder. Ges. von Achim von Arnim und Clemens Brentano. Studienausgabe in neun Bänden. Hrsg. von Heinz Rölleke. Stuttgart [u. a.] 1979.
Die deutschen Volkslieder mit ihren Singweisen. Hrsg. von Ludwig Erk und Wilhelm Irmer. 6 Hefte. Heft 1–3 und 5: Berlin 1838–40; Heft 4 und 6: Crefeld/Wesel 1840/41.
Deutscher Liederhort. Auswahl der vorzüglicheren Deutschen Volkslieder, nach Wort und Weise aus der Vorzeit und Gegenwart ges. und erl. von Ludwig Erk. [...] neubearb. und fortges. von Franz M. Böhme. 3 Bde. Leipzig 1893/94.
Stimmen der Völker in Liedern. Gesammelt, geordnet, zum Theil übersezt durch J[ohann] G[ottfried] von Herder. Neu hrsg. von Johann von Müller. Tübingen 1807.
Stöber, August (Hrsg.): Elsässisches Volksbüchlein. Kinderwelt und Volksleben, in Liedern, Sprüchen, Räthseln, Spielen, Märchen, Schwänken, Sprichwörtern u. s. w., mit Erläuterungen und

Zusammenstellungen, einem Sachregister und einem Wörterbuche. Zweite, stark vermehrte Aufl. Bd. 1 [mehr nicht ersch.]. Mülhausen 1859.

b) Werk- und Einzelausgaben

[Brentano, Clemens:] Godwi oder Das steinerne Bild der Mutter. Ein verwilderter Roman von Maria. 2 Bde. Bremen 1801/02.

Brentano, Clemens: Ponce de Leon. Lustspiel in fünf Aufzügen. Hamburg o. J. [um 1827].

Eichendorff, Joseph von: Krieg den Philistern. Dramatisches Mährchen in fünf Abentheuern. Berlin 1824.

Fichte, Johann Gottlieb: Die Bestimmung des Menschen. Neue Auflage. Berlin 1825.

Goethe, [Johann Wolfgang von]: Werke. Vollständige Ausgabe letzter Hand. 60 Bde., 1 Reg.-Bd. [Bde. 41–60 unter dem Haupttitel: Nachgelassene Werke.] Stuttgart/Tübingen 1827–42.

Hegel, Georg Wilhelm Friedrich: Werke. Red. von Eva Moldenhauer und Karl Markus Michel. 20 Bde. Frankfurt a. M. 1969–71.

Heine, H[einrich]: Reisebilder. 4 Tle. Hamburg ^{2}1830–34.

Heine, H[einrich]: Zur Geschichte der neueren schönen Literatur in Deutschland. 2 Bde. Paris/Leipzig 1833.

Heine, H[einrich]: Der Salon. 3 Bde. Hamburg 1834–37.

Heine, H[einrich]: Zur Geschichte der Religion und Philosophie in Deutschland. In: Der Salon. Bd. 2. Hamburg 1835. S. 1–284.

Heine, Heinrich: Historisch-kritische Gesamtausgabe der Werke. In Verbindung mit dem Heinrich-Heine-Institut hrsg. von Manfred Windfuhr. Hamburg 1973 ff. [Düsseldorfer Ausgabe.]

Lessing, Gotthold Ephraim: Sämmtliche Schriften. 30 Bde. Berlin 1771–1825.

Livius, Titus: Ab urbe condita / Römische Geschichte. Lateinisch/deutsch. Übers. und hrsg. von Robert Feger. 4 Bde. Stuttgart 1981–91.

Lukrez [d. i. Titus Lucretius Carus]: Über die Natur der Dinge [De rerum natura]. Lateinisch und deutsch von Josef Martin. Berlin 1972. (Schriften und Quellen der Alten Welt. 32.)

Oken, [Lorenz]: Lehrbuch der Naturphilosophie. 3 Tle. Jena 1809–11.

Schiller, Friedrich von: Sämmtliche Werke. 18 Bde. und 6 Suppl.-Bde. Stuttgart/Tübingen 1822–26; [Suppl.-Bde.:] Leipzig 1823.

Shak[e]speare, [William]: Dramatische Werke. Übers. von August Wilhelm Schlegel. Neunter Theil. Erste Abtheilung. Berlin 1810. [Zit. als: Shakespeare 1810.]

Shak[e]speare, [William]: Dramatische Werke. Übers. von August Wilhelm Schlegel. Neue Auflage. 8 Tle. Berlin 1821–23. [Zit. als: Shakespeare 1821.]

Shak[e]speare, [William]: Dramatische Werke. Uebers. von August Wilhelm von Schlegel, erg. und erl. von Ludwig Tieck. 9 Tle. Berlin 1825–33. [Zit. als: Shakespeare 1825.]

Spinoza, Benedictus de: Opera quae supersunt omnia. [...] Hrsg. von Henr[icus] Eberh[ardus] Gottlob Paulus. 2 Bde. Jena 1802/03.

Tacitus, Publius Cornelius: Annalen. Lateinisch und deutsch. Hrsg. von Erich Heller. München/Zürich 1982.

Tennemann, Wilhelm Gottlieb: Geschichte der Philosophie. 11 Bde. Leipzig 1798–1819.

Tieck, Ludwig: Schriften. 28 Bde. Berlin 1828–54. [Reprint: Berlin 1966.]

Voltaire [d. i. François Marie Arouet]: Œuvres complètes. Nouvelle édition [...]. Conforme pour le texte à l'édition de [Adrien Jean Quentin] Beuchot [...]. Précédée de la vie de Voltaire par [Antoine] Condorcet. 52 Bde. Paris 1877–85.

Winckelmann, Johann [Joachim]: Sämtliche Werke [...]. Hrsg. von Joseph Eiselein. 12 Bde. Donaueschingen 1825–29. [Reprint: Osnabrück 1965.]

3. Wörterbücher und Nachschlagewerke

Adelung, Johann Christoph: Auszug aus dem grammatisch-kritischen Wörterbuche der Hochdeutschen Mundart. 4 Bde. – [Bd. 1:] Wien 1793; [Bde. 2–4:] Leipzig 1796–1802.

– Grammatisch-kritisches Wörterbuch der Hochdeutschen Mundart, mit beständiger Vergleichung der übrigen Mundarten, besonders aber der Oberdeutschen. Mit D[ietrich] W[ilhelm] Soltau's Beyträgen, revidirt und berichtiget von Franz Xaver Schönberger. 4 Bde. Wien 1811.

Allgemeine deutsche Real-Encyklopädie für die gebildeten Stände. (Conversations-Lexikon.) In zwölf Bänden. Siebente Originalauflage. (Zweiter durchgesehener Abdruck.) Leipzig 1830. [Zit. als: Brockhaus 1830.]

Allgemeine deutsche Real-Encyklopädie für die gebildeten Stände. (Conversations-Lexikon.) In zwölf Bänden. Achte Originalauflage. Leipzig 1833–37. [Zit. als: Brockhaus 1833.]

Allgemeine deutsche Real-Encyklopädie für die gebildeten Stände. (Conversations-Lexikon.) In funfzehn Bänden. Neunte Originalauflage. Leipzig 1843–48. [Zit. als: Brockhaus 1843.]

Allgemeine Encyclopädie der Wissenschaften und Künste in alphabetischer Folge von genannten Schriftstellern bearbeitet. Hrsg. von J[ohann] S[amuel] Ersch und J[ohann] G[ottfried] Gruber, dann von M. H. G. Meier u. a. fortgeführt. 167 Bde., 1 Suppl.-Bd. Leipzig 1818–89.

Allgemeine Realencyclopädie oder Conversationslexicon für das katholische Deutschland. Bearb. von einem Vereine katholischer Gelehrten. Hrsg. von Wilhelm Binder. 10 Bde., 2 Suppl.-Bde. Regensburg 1846–50.

Bilder-Conversations-Lexikon für das deutsche Volk. Ein Handbuch zur Verbreitung gemeinnütziger Kenntnisse und zur Unterhaltung. 4 Bde. Leipzig 1837–41.

Campe, Joachim Heinrich (Hrsg.): Wörterbuch der Deutschen Sprache. 6 Bde. Braunschweig 1807–13. [Bd. 6 u. d. T.: Wörterbuch zur Erklärung und Verdeutschung der unserer Sprache aufgedrungenen fremden Ausdrücke. Ein Ergänzungsband zu Adelung's und Campe's Wörterbüchern.] [Reprint: Hildesheim / New York 1969–70.]

Deutsches Schimpfwörterbuch oder die Schimpfwörter der Deutschen. Zum allgemeinen Nutzen gesammelt und alphabetisch geordnet, nebst einer Vorvor-, Vor- und Nachrede, von [Lorenz von Pansner]. Arnstadt 1839.

Encyclopédie, ou Dictionnaire raisonné des sciences, des arts et des métiers, par une société de gens de lettres. Mis en ordre et publié par M. [Denis] Diderot […]; & quant à la partie mathématique, par M. [Jean Le Rond] d'Alembert. Bd. 1–7: Paris 1751–57; Bd. 8–17: Neuchâtel 1765. [Zit. nach: Compact Edition Encyclopédie […]. Bd. 1–5. New York 1969.]

Grimm, Jacob und Wilhelm: Deutsches Wörterbuch. 16 Bde. und Quellenverzeichnis. Leipzig 1854–1960. Quellenverzeichnis: Stuttgart 1971. [Zit nach: Reprint München 1984. 33 Bde.]

Handwörterbuch des deutschen Aberglaubens. Hrsg. von Hanns Bächtold-Stäubli unter Mitw. von Eduard Hoffmann-Krayer. 10 Bde. Berlin/Leipzig 1927–42. [Zit. nach: Reprint Berlin / New York 1987.]

Heyse, Joh[ann] Christ[ian] Aug[ust]: Kleines Fremdwörterbuch zur Verdeutschung und Erklärung aller in unserer Schrift- und Umgangssprache üblichen fremden Ausdrücke, mit Bezeichnung der Aussprache und Betonung, und Andeutung ihrer Herkunft. Ein reichhaltiger Auszug aus dem allgemeinen Fremdwörterbuche. Hannover 1840.

Krug's encyclopädisch-philosophisches Lexicon. Allgemeines Handwörterbuch der philosophischen Wissenschaften, nebst ihrer Literatur und Geschichte. Nach dem heutigen Standpuncte der Wissenschaft bearb. und hrsg. von Wilhelm Traugott Krug. 5 Bde. Leipzig 1827–29.

Nouveau Dictionnaire de la langue françoise et allemande. Par Chrétien Frédéric Schwan. 2 Bde. [Frz./Dt.] Tübingen 1802–04.

Rheinisches Conversations-Lexicon oder encyclopädisches Handwörterbuch für gebildete Stände. […] In zwölf Bänden. Vierte Originalauflage. Köln 1837–45.

Südhessisches Wörterbuch. Begr. von Friedrich Maurer. Nach den Vorarb. von Friedrich Maurer, Friedrich Stroh und Rudolf Mulch bearb. von Rudolf Mulch [ab Bd. 3 von Rudolf Mulch und Roland Mulch]. Marburg 1965ff.

4. Gesamtdarstellungen zu Leben und Werk

Baumann, Gerhart: Georg Büchner. Die dramatische Ausdruckswelt. Göttingen 1961. 2., durchges. und erg. Aufl. Göttingen 1976.

Benn, Maurice B.: The Drama of Revolt. A Critical Study of Georg Büchner. Cambridge / London / New York / Melbourne 1976.

Dedner, Burghard: Georg Büchner. In: Gunter E. Grimm / Frank Rainer Max (Hrsg.): Deutsche Dichter. Leben und Werk deutschsprachiger Autoren. Bd. 5. Stuttgart 1989. (Reclams Universal-Bibliothek. 8615.) S. 571–594.

Georg Büchner. Leben, Werk, Zeit. Katalog [zur] Ausstellung zum 150. Jahrestag des *Hessischen Landboten*. Unter Mitw. von Bettina Bischoff, Burghard Dedner [u. a.] bearb. von Thomas Michael Mayer. 3. Aufl. Marburg 1987.

Georg Büchner 1813–1837. Revolutionär, Dichter, Wissenschaftler. Der Katalog [zur] Ausstellung Mathildenhöhe, Darmstadt, 2. August bis 27. September 1987. Basel / Frankfurt a. M. 1987.

Hauschild, Jan-Christoph: Georg Büchner. Studien und neue Quellen zu Leben, Werk und Wirkung. Mit zwei unbekannten Büchner-Briefen. Königstein i. Ts. 1985. (Büchner-Studien. 2.)

– Georg Büchner. Mit Selbstzeugnissen und Bilddokumenten dargestellt. Reinbek 1992. (rowohlts monographien. 503.)
– Georg Büchner. Biographie. Stuttgart/Weimar 1993.
Hinderer, Walter: Büchner-Kommentar zum dichterischen Werk. München 1977.
Interpretationen. Georg Büchner. Dantons Tod – Lenz – Leonce und Lena – Woyzeck. Stuttgart 1990. (Reclams Universal-Bibliothek. 8415.)
Jancke, Gerhard: Georg Büchner. Genese und Aktualität seines Werkes. Einführung in das Gesamtwerk. Kronberg i. Ts. 1975. (Scriptor Taschenbücher. S 56. Literaturwissenschaft.)
Knapp, Gerhard P.: Georg Büchner. 3., vollst. überarb. Aufl. Stuttgart/Weimar 2000. (Sammlung Metzler. 159.)
Landau, Paul: Georg Büchners Leben und Werke. In: P. L. (Hrsg.): Georg Büchners gesammelte Schriften. 2 Bde. Berlin 1909. Bd. 1. S. 7–169.
Mayer, Hans: Georg Büchner und seine Zeit. Wiesbaden 1946; ^{2}1960. – Berlin 1947; ^{2}1960. – Frankfurt a. M. 1972. (suhrkamp taschenbuch. 58.)
Mayer, Thomas Michael: Georg Büchner. Eine kurze Chronik zu Leben und Werk. In: GB I/II. S. 357–425.
– Jan-Christoph Hauschilds Büchner-Biographie(n). Einwendungen zu Methode, Ergebnissen und Forschungspolitik. In: GBJb 9 (1995–99) S. 382–500.
Poschmann, Henri: Georg Büchner. Dichtung der Revolution und Revolution der Dichtung. Berlin/Weimar ^{3}1988.
Sengle, Friedrich: Georg Büchner (1813–1837). In: Fr. S.: Biedermeierzeit. Deutsche Literatur im Spannungsfeld zwischen Restauration und Revolution. Bd. 3. Stuttgart 1980. S. 265–331.
Viëtor, Karl: Georg Büchner. Politik, Dichtung, Wissenschaft. Bern 1949.
Wittkowski, Wolfgang: Georg Büchner. Persönlichkeit, Weltbild, Werk. Heidelberg 1978. (Reihe Siegen. Beiträge zur Literatur- und Sprachwissenschaft. 10.)

5. Thematische Untersuchungen zu Büchners Gesamtwerk

Anz, Heinrich: »Leiden sey all mein Gewinnst«. Zur Aufnahme und Kritik christlicher Leidenstheologie bei Georg Büchner. In: GBJb 1 (1981) S. 160–168.

Armstrong, William Bruce: »Arbeit« und »Muße« in den Werken Georg Büchners. In: Georg Büchner III. Hrsg. von Heinz Ludwig Arnold. München 1981. (text+kritik. Sonderband.) S. 63–98.
Bark, Joachim: Bibelsprache in Büchners Dramen. Stellenkommentar und interpretatorische Hinweise. In: Burghard Dedner / Günter Oesterle (Hrsg.): Zweites Internationales Georg Büchner Symposium 1987. Frankfurt a. M. 1990. S. 476–505.
Döhner, Otto: Georg Büchners Naturauffassung. Diss. Marburg 1967. [Typoskript.]
Fischer, Heinz: Georg Büchner. Untersuchungen und Marginalien. Bonn 1972. (Studien zur Germanistik, Anglistik und Komparatistik. 14.)
Georg Büchner I/II. Hrsg. von Heinz Ludwig Arnold. München 1979; [2]1982. (text+kritik. Sonderband.)
Grab, Walter / Mayer, Thomas Michael (Mitarb.): Georg Büchner und die Revolution von 1848. Der Büchner-Essay von Wilhelm Schulz aus dem Jahr 1851. Text und Kommentar. Königstein i. Ts. 1985. (Büchner-Studien. 1.)
Grimm, Reinhold: Coeur und Carreau. Über die Liebe bei Georg Büchner. In: GB I/II. S. 299–326.
Hauschild, Jan-Christoph: Der Autor als Leser. Überlegungen zu Georg Büchners Literaturrezeption. In: Fausto Cercignani (Hrsg.): Studia Büchneriana. Georg Büchner 1988. Mailand 1990. (Cisalpino Università. 1.) S. 107–123.
Henkelmann, Thomas: Der Arzt und Dichter Georg Büchner. Diss. Heidelberg 1976. [Typoskript.]
Holmes, Terence M.: Die »Absolutisten« in der Revolution. In: GBJb 8 (1990–94) S. 241–253.
Kahl, Joachim: »Der Fels des Atheismus«. Epikurs und Georg Büchners Kritik an der Theodizee. In: GBJb 2 (1982) S. 99–125.
Krapp, Helmut: Der Dialog bei Georg Büchner. München [2]1970.
Kubik, Sabine: Krankheit und Medizin im literarischen Werk Georg Büchners. Stuttgart 1991.
Ludwig, Peter: »Es gibt eine Revolution in der Wissenschaft«. Naturwissenschaft und Dichtung bei Georg Büchner. St. Ingbert 1998. (Saarbrücker Beiträge zur Literaturwissenschaft. 63.)
Lukács, Georg: Der faschisierte und der wirkliche Georg Büchner. Zu seinem hundertsten Todestag 19. Februar 1937. In: Das Wort 2 (1937) H. 2. S. 7–26. – Wiederabdr. in: Dietmar Goltschnigg (Hrsg.): Büchner im »Dritten Reich«. Mystifikation – Gleichschaltung – Exil. Eine Dokumentation. Bielefeld 1990. S. 185–203.

Martens, Wolfgang (Hrsg.): Georg Büchner. Darmstadt 1965. (Wege der Forschung. LIII.)

Mayer, Thomas Michael: Büchner und Weidig – Frühkommunismus und revolutionäre Demokratie. Zur Textverteilung des *Hessischen Landboten*. In: GB I/II. S. 16–298.

– Über den Alltag und die Parteiungen des Exils. Anläßlich von Büchners Briefen an Braubach und Geilfus. In: Erika Gillmann / Thomas Michael Mayer / Reinhard Pabst / Dieter Wolf (Hrsg.): Georg Büchner an »Hund« und »Kater«. Unbekannte Briefe des Exils. Marburg 1993. S. 41–146.

Meier, Albert: Georg Büchners Ästhetik. München [1983].

Mende, Dirk: Untersuchungen zu den Volkslied-Einlagen in den Dramen Georg Büchners. Diss. Stuttgart 1972. [Typoskript.]

Müller-Seidel, Walter: Natur und Naturwissenschaft im Werk Georg Büchners. In: Festschrift für Klaus Ziegler. Hrsg. von Eckehard Catholy und Winfried Hellmann. Tübingen 1968. S. 205–232.

Poschmann, Henri / Malende, Christine (Hrsg.): Wege zu Georg Büchner. Internationales Kolloquium der Akademie der Wissenschaften (Berlin-Ost). Berlin [u. a.] 1992.

Roth, Udo: Büchners naturwissenschaftliche Schriften. Ein Beitrag zur Geschichte der Wissenschaften vom Lebendigen in der ersten Hälfte des 19. Jahrhunderts. Tübingen 2003 [i. Dr.].

Schings, Hans-Jürgen: Im Zeichen des Mitleids. Zum Realismus Georg Büchners. In: H.-J. Sch.: Der mitleidigste Mensch ist der beste Mensch. Poetik des Mitleids von Lessing bis Büchner. München 1980. S. 68–84.

Schmidt, Henry J.: Satire, Caricature and Perspectivism in the Works of Georg Büchner. Den Haag / Paris 1970. (Stanford Studies in Germanics and Slavics. 8.)

Ueding, Cornelie: Denken – Sprechen – Handeln. Aufklärung und Aufklärungskritik im Werk Georg Büchners. Bern / Frankfurt a. M. 1976. (Tübinger Studien zur deutschen Literatur. 2.)

Weiland, Werner: Büchners Spiel mit Goethemustern. Zeitstücke zwischen der Kunstperiode und Brecht. Würzburg 2001.

6. Spezialliteratur zu *Dantons Tod*

Adler, Hans: Georg Büchner: Dantons Tod. In: Harro Müller-Michaels (Hrsg.): Deutsche Dramen. Interpretationen zu Werken von der Aufklärung bis zur Gegenwart. Bd. 1. Königstein i. Ts. 1981. S. 145–169.

Behrmann, Alfred / Wohlleben, Joachim: Büchner: Dantons Tod. Eine Dramenanalyse. Stuttgart 1980. (Literaturwissenschaft – Gesellschaftswissenschaft. 47.)

Besson, Jean-Louis: Georg Büchner: Des sources au texte. Histoire d'une autopsie. Des essais de jeunesse à *La Mort de Danton*. Bern/Berlin [u. a.] 1992. (Contacts. Série I – Theatrica. 10.)

Dedner, Burghard: Georg Büchner: *Dantons Tod*. Zur Rekonstruktion der Entstehung anhand der Quellenverarbeitung. In: GBJb 6 (1986/87) S. 106–131.

– Verführungsdialog und Tyrannentragödie. Tieckspuren in *Dantons Tod*. In: B. D. / Ulla Hofstaetter (Hrsg.): Romantik im Vormärz. Marburg 1992. (Marburger Studien zur Literatur. 4.) S. 31–89.

– Quellendokumentation und Kommentar zu Büchners Geschichtsdrama *Danton's Tod*. Versuch einer sachlichen Klärung und begrifflichen Vereinfachung. In: editio 7 (1993) S. 194–210.

Eibl, Karl: »Ergo todtgeschlagen«. Erkenntnisgrenzen und Gewalt in Büchners *Dantons Tod* und *Woyzeck*. In: Euphorion 75 (1981) S. 411–429.

Fellrath, Ingo: »Der Freiheit eine Gasse!« Eine stoff- und wirkungsgeschichtliche Anmerkung zu *Dantons Tod*. In: GBJb 7 (1988/89) S. 282–296.

Grimm, Reinhold: *Dantons Tod* – ein Gegenentwurf zu Goethes *Egmont*. In: Germanisch-Romanische Monatsschrift. N.F. 33 (1983) S. 424–457.

Hauschild, Jan-Christoph: *Danton's Tod*. Zur Werkgenese von Büchners Revolutionsdrama. In: Grabbe-Jahrbuch 11 (1992) S. 90–135.

Holmes, Terence M.: The Rehearsal of Revolution. Georg Büchner's Politics and his Drama *Dantons Tod*. Bern 1995.

James, Dorothy: Georg Büchner's *Dantons Tod*. A Reappraisal. London 1982. (Texts and Dissertations. 16.)

Mayer, Thomas Michael: Zur Revision der Quellen für *Dantons Tod* von Georg Büchner. In: Studi Germanici. N.F. 7 (1969) S. 287–336; N.F. 9 (1971) S. 223–233.

– »An die Laterne!« Eine unbekannte ›Quellenmontage‹ in *Dantons Tod* (I,2). In: GBJb 6 (1986/87) S. 132–158.

– Georg Büchners Situation im Elternhaus und der Anlaß seiner Flucht aus Darmstadt Anfang März 1835. In: GBJb 9 (1995–99) S. 33–92.

Nagel, Ivan: Verheißungen des Terrors. Vom Ursprung der Rede des Saint-Just in *Dantons Tod*. In: I. N.: Gedankengänge als Lebensläufe. Versuche über das 18. Jahrhundert. München/Wien 1987. (Edition Akzente.) S. 107–133.

– Seuche, Vulkan, Überschwemmung: Saint-Just als Naturforscher. In: GBJb 7 (1988/89) S. 83–90.

Pabst, Reinhard: Zwei Miszellen zu den Quellen von *Dantons Tod*. In: GBJb 6 (1986/87) S. 261–268.

Pohjola, Riita: »September!« Weitere Ergänzungen zu den *Danton*-Quellen. In: GBJb 6 (1986/87) S. 269–275.

Selge, Martin: Kaltblütig. Jacques-Louis David aus der Sicht von Büchners Danton. In: Burghard Dedner / Günter Oesterle (Hrsg.): Zweites Internationales Georg Büchner Symposium 1987. Referate. Frankfurt a. M. 1990. (Büchner-Studien. 6.) S. 245–264.

Sieß, Jürgen: Zitat und Kontext. Eine Studie zu den Dramen *Dantons Tod* und *Leonce und Lena*. Göppingen 1975.

Wender, Herbert: Georg Büchners Bild der Großen Revolution. Zu den Quellen von *Danton's Tod*. Frankfurt a. M. 1988. (Büchner-Studien. 4.)

– Anspielungen auf das zeitgenössische Kunstgeschehen in *Danton's Tod*. In: Burghard Dedner / Günter Oesterle (Hrsg.): Zweites Internationales Georg Büchner Symposium 1987. Frankfurt a. M. 1990. (Büchner-Studien. 6.) S. 223–244.

– »Die sociale Revolution ist noch nicht fertig«. Beurteilungen des Revolutionsverlaufs in *Dantons Tod*. In: Henri Poschmann / Christine Malende (Hrsg.): Wege zu Georg Büchner. Internationales Kolloquium der Akademie der Wissenschaften (Berlin-Ost). Berlin [u. a.] 1992. S. 117–132.

Werner, Hans-Georg: Büchners aufrührerischer Materialismus. Zur geistigen Struktur von *Dantons Tod*. In: Weimarer Beiträge 35 (1989) S. 1765–1779.

Zeller, Rosmarie: *Dantons Tod* und die Poetik des Geschichtsdramas. In: Burghard Dedner / Günter Oesterle (Hrsg.): Zweites Internationales Georg Büchner Symposium 1987. Referate. Frankfurt a. M. 1990. (Büchner-Studien. 6.) S. 146–174.

Zöllner, Bernd: Büchners Drama *Dantons Tod* und das Menschen- und Geschichtsbild in den Revolutionsgeschichten von Thiers und Mignet. Diss. Kiel 1972. [Typoskript.]

7. Historische Quellen und Revolutionsgeschichte

Archives parlementaires. De 1787 à 1860. [...] Première série (1787 à 1799). Paris 1867ff.

Barère, B[ertrand]: Mémoires [...], publiés par MM. Hippolyte Carnot [...], et David (d'Angers) [...]. 4 Bde. Paris 1842–44.

Dulaure, [Jacques-Antoine]: Esquisses historiques des principaux événemens de la Révolution française, depuis la convocation des États-Généraux jusqu'au rétablissement de la maison de Bourbon. 5 Bde. Paris 1823–25.

Galerie historique des contemporains, ou Nouvelle biographie [...]. 8 Bde. Brüssel 1818–20.

Gazette nationale, ou Le Moniteur universel. [Paris] 1793.

Die Geschichte Unserer Zeit, bearb. von Carl Strahlheim [d. i. Johann Konrad Friederich], ehemaliger Officier der kaiserlich-französischen Armee. 30 Bde. Stuttgart 1826–31.

Görres, J[oseph]: Resultate meiner Sendung nach Paris im Brumaire des achten Jahres. Koblenz [1800].

Lecointre, Laurent: Les Crimes de sept membres des anciens Comités de salut public et de sûreté générale, ou Dénonciation formelle à la Convention nationale; contre Billaud-Varenne, Barère, Collot-d'Herbois, Vadier, Vouland, Amar et David [...]. [Paris 1794.]

Lemaire, H[enri]: Histoire de la Révolution française, depuis 1787, jusqu'au 1er août 1821. Bd. 2. Paris 1822.

Martin, André / Walter, Gérard: Catalogue de l'histoire de la Révolution française. 6 Bde. Paris 1936–55.

Mercier, [Louis-Sébastien]: Le Nouveau Paris. 6 Bde. Paris [1799/1800].

Michelet, Jules: Histoire de la Révolution française. Édition établie et annotée par Gérard Walter. 2 Bde. Paris 1952. [Erstdruck 1847–53.]

Mignet, F[rançois] A[uguste Marie]: Histoire de la Révolution française, depuis 1789 jusqu'en 1814. Paris 1824.

Minerva. Ein Journal historischen und politischen Inhalts. Hamburg [ab April 1811: Leipzig] 1792–1858.

Nodier, Charles: Souvenirs, épisodes et portraits pour servir à l'histoire de la Révolution et de l'Empire. 2 Bde. Paris 1831.

– Le dernier banquet des Girondins; étude historique suivie de Recherches sur l'éloquence révolutionnaire. Paris 1833 (Œuvres complètes. Bd. 7.) [Reprint: Genf 1968.]

Procès de Fouquier-Tinville et autres membres du tribunal du 22 prairial, traduits au tribunal révolutionnaire. 48 Nrn. Paris [1795].

Proussinalle, M. de [d. i. Pierre-Joseph-Alexis Roussel d'Épinal]: Histoire secrète du Tribunal révolutionnaire [...]. Bd. 2. Paris 1815.

[Reybaud, Joseph Charles:] Mémoires authentiques de Maximilien de Robespierre. Bd. 1. Paris 1830.

[Riouffe, Honoré Jean:] Denkwürdigkeiten eines Gefangenen, ein Beitrag zur Geschichte der Tyrannei Robespierres. Stuttgart 1828. (Unsere Zeit. Supplement-Heft 5.)

[Roland, Jeanne Marie:] Mémoires de Madame Roland; avec une notice sur sa vie, des notes et des éclaircissemens historiques, par [Saint-Albin] Berville et [Jean François] Barrière. 2 Bde. Paris 1820. (Collection des mémoires relatifs à la Révolution française.)

Thiers, [Louis] A[dolphe] / Bodin, Félix: Histoire de la Révolution française, accompagnée d'une histoire de la Révolution de 1355, ou des États-généraux sous le roi Jean. 2 Bde. Paris 1823. [Ab Bd. 3:] [Louis] A[dolphe] Thiers: Histoire de la Révolution française. 8 Bde. Paris 1824–27. [Dt.: Geschichte der französischen Staatsumwälzung. Uebers. von R. Mohl. 6 Bde. Tübingen 1825–28.]

Le Vieux Cordelier. Journal politique, rédigé en l'an II par Camille Desmoulins. Paris/Brüssel 1825 [im selben Band wie Vilate, *Causes secrètes*].

Vilate, [Joachim]: Causes secrètes de la journée du 9 au 10 thermidor an II, suivies des Mystères de la mère de Dieu dévoilés. Paris/Brüssel 1825.

8. Rezeption und Wirkungsgeschichte

Büchner-Preis-Reden. 1951–1971. Mit einem Vorw. von Ernst Johann. Stuttgart 1972. (Reclams Universal-Bibliothek. 9332.)

Büchner-Preis-Reden. 1972–1983. Mit einem Vorw. von Herbert Heckmann. Stuttgart 1984. (Reclams Universal-Bibliothek. 8011.)

Büchner-Preis-Reden. 1984–1994. Hrsg. von der Deutschen Akademie für Sprache und Dichtung. Vorw. von Herbert Heckmann. Stuttgart 1994. (Reclams Universal-Bibliothek. 9313.)

Dedner, Burghard (Hrsg.): Der widerständige Klassiker. Einleitungen zu Büchner vom Nachmärz bis zur Weimarer Republik. Frankfurt a. M. 1990. (Büchner-Studien. 5.)
Goltschnigg, Dietmar (Hrsg.): Materialien zur Rezeptions- und Wirkungsgeschichte Georg Büchners. Kronberg i. Ts. 1974. (Skripten Literaturwissenschaft. 12.)
– Rezeptions- und Wirkungsgeschichte Georg Büchners. Kronberg i. Ts. 1975.
– (Hrsg.): Büchner im »Dritten Reich«. Mystifikation – Gleichschaltung – Exil. Eine Dokumentation. Bielefeld 1990.
– (Hrsg.): Georg Büchner und die Moderne. Texte, Analysen, Kommentar. Bd. 1: 1875–1945. Berlin 2001. Bd. 2: 1945–1980. Berlin 2002.
Strudthoff, Ingeborg: Die Rezeption Georg Büchners durch das deutsche Theater. Berlin 1957. (Theater und Drama. 19.)
Viehweg, Wolfram: Georg Büchners *Dantons Tod* auf dem deutschen Theater. München 1964.

9. Bibliographien

Georg Büchner Jahrbuch 1 (1981), 4 (1984), 6 (1986/87), 7 (1988/89) und 9 (1995–99).
Knapp, Gerhard P.: Kommentierte Bibliographie zu Georg Büchner. In: GB I/II. S. 426–455.
Schlick, Werner: Das Georg Büchner-Schrifttum bis 1965. Eine internationale Bibliographie. Hildesheim 1968.
Schmidt, Heiner: Büchner, Georg (1813–1837). In: H. Sch.: Quellenlexikon zur deutschen Literaturgeschichte. Bibliography of Studies on German Literary History. Bd. 4. Duisburg 1995. S. 132–178.